管理者和创业者必读的政策读本

“十四五”与企业高质量发展

“十四五”时期双循环格局下的企业发展路径

眭文娟　文晓巍　文丹枫◎著

中国经济出版社
CHINA ECONOMIC PUBLISHING HOUSE
·北京·

图书在版编目（CIP）数据

“十四五”与企业高质量发展：“十四五”时期双循环格局下的企业发展路径／眭文娟，文晓巍，文丹枫著. --北京：中国经济出版社，2022.1

ISBN 978-7-5136-6706-7

Ⅰ.①十… Ⅱ.①眭… ②文… ③文… Ⅲ.①企业发展-研究-中国 Ⅳ.①F279.23

中国版本图书馆 CIP 数据核字（2021）第 217656 号

责任编辑　牛慧珍
责任印制　马小宾
封面设计　任燕飞

出版发行　中国经济出版社
印 刷 者　北京富泰印刷有限责任公司
经 销 者　各地新华书店
开　　本　710mm×1000mm　1/16
印　　张　14.5
字　　数　160 千字
版　　次　2022 年 1 月第 1 版
印　　次　2022 年 1 月第 1 次
定　　价　68.00 元
广告经营许可证　京西工商广字第 8179 号

中国经济出版社 **网址** www.economyph.com **社址** 北京市东城区安定门外大街 58 号 **邮编** 100011
本版图书如存在印装质量问题，请与本社销售中心联系调换（联系电话：010-57512564）

前言 preface

2021年是“十四五”开局之年，也是“两个一百年”奋斗目标的历史交汇期，中国企业面临的形势复杂多变。面对来自国内外的双重压力和百年未有之大变局，中国的企业将面临一场生死大考，有的企业会乘势而上，大展宏图；有的企业会在痛苦的转型中消失。这个过程对所有中国企业而言，将是一次脱胎换骨的磨炼。

“十四五”规划提到的一个重点是，我们除了要在新的发展阶段贯彻新的发展理念，不断挖掘新动能与新的增长极之外，还应努力构建“以国内大循环为主体、国内国际双循环相互促进”的新发展格局，使我国经济迈上一个新的台阶。“双循环”新发展格局是千载难逢的历史机遇，这并非疫情下的权宜之计，而是激活企业高质量发展的长久之策。

察势者智，驭势者赢。“十四五”期间，我国将迎来全新的战略关键期和机遇期。未来中国企业大体上将呈现十个方面的发展趋势。

第一，随着我国经济总量的增加，企业规模也逐渐扩大。然而，很多企业内部依然存在结构不合理、发展质量不够高等问题，因此，企业转型势在必行，更多企业将围绕现代化经济体系进行结构调整、战略性重组和专业化整合。

第二，我国通过实施国企改革三年行动方案，使"十四五"时期改革开放踏出了新的步伐，让释放市场主体"活力"成为今后五年企业改革的主题词，推动中国社会主义市场经济体制进一步完善。

第三，"十四五"期间将出现以国有大型龙头企业为主体的新现象，以打通重点产业链、重大投资项目堵点，连接断点为核心，促进大中小企业协同发展，使产业循环、市场循环和社会经济循环畅通无阻。

放眼未来5~10年，全球分工体系和新的规则体系将重新构建。从国家产业经济安全的角度考虑，企业将由模仿、引进、借鉴向自主创新转型，使企业经济质量效益和核心竞争力得到有效提升，加强产业链、供应链自主可控力，从而占领产业链中高端。

第四，2021年，中国将创新驱动作为我国现代化建设的核心，既要推动传统产业转型升级，也要加快发展新兴产业。民营企业数量在新经济500强企业中保持在80%以上，具有经营方式灵活、上市速度快、互联网场景化和长尾特征明显等优势。今后五年民营经济将继续发挥重要作用。

第五，"十四五"时期，中国企业核心技术的"卡脖子"问题更为凸显，创新转型迫在眉睫。领先区域的大企业将在未来由高增长中心转变成全球创新创业中心，成为区域发展的强增长极，采用协调机制策略带动周边地区的发展。百度、阿里巴巴、腾讯等巨头企业也将带动新兴产业发展，其发展战略与"一带一路"倡议、京津冀协同发展、建设雄安新区、建设长江经济带等形成区域重点发展的新格局。

第六，“十四五”期间，企业将通过数字化转型实现数字经济与实体经济的深度融合，构建数字化产业链，培育数字化生态，以提升企业的国内国际竞争力。

第七，中国企业需要扩大内需，以达到需求牵引供给、供给创造需求的高水平动态平衡。这里所指的“内需”是靠消费直接拉动。“供给侧结构性改革”与“需求侧结构性改革”同等重要，这种“双侧改革”是对“双循环”的发展，也是保障。

未来，中国企业的重要任务之一就是促进消费。企业应挖掘内需，重点发展适应消费升级的新型消费产品，深度发掘用户需求、加强创新设计、创新营销手段等，减轻国民经济对出口以及投资的过分依赖。未来五年，健康、养老、旅游、文化等新型生活性服务企业与先进制造企业将会持续增长，并进入发展快车道。

第八，当前，全球经济风险与国内结构性、周期性调整相互叠加，导致稳定就业形势非常严峻。统筹发展和安全是保证经济稳定与社会安定和谐的重要策略。“十四五”时期，为对抗外部冲击和大国竞争，提前稳住内部经济循环是必然之举。在这样的背景下，中国将全面拓展国内市场需求，以促进市场加速循环，让劳动密集型企业高效带动就业，推动经济朝着高质量发展前进。

第九，以前我国是以投资拉动、政策推动、外部资源配置为主，主要依靠要素驱动或投资驱动来带动经济增长；未来中国企业将以内部管理为主进行转型，从根本上解决企业效益低迷的问题，逐渐形成以创新、技术、人力资本和内需潜力为核心的高质量经济发展环境。

第十，和西方发达国家相比，中国企业在很多方面的开放程度还不够，如何才能在全球化中实现更好的发展，这对所有中国企业都是一场考验，但同时也是难得的机遇。

"十四五"时期，中国企业，尤其是国有企业将在扩大开放的过程中发挥主力军作用，以重大基础设施建设为框架，适应全球经济的新变化、新挑战，积极倡导多边合作机制，为"一带一路"建设提供有力的支撑，促使企业向"世界工厂"与"世界市场"结合转变。

心怀国之大者，首先应把握国之大势。然而，在新的风口上，有人前进，有人踟蹰；有人兴奋，有人迷茫。纵观我国的市场经济，在与消费者息息相关的领域中，硬核企业的身影并未缺席。

在通信制造领域，华为手机成为最强国货。近几年，华为加快核心技术的研发，是科技创新最好的践行者之一。

在内容付费领域，樊登读书充分挖掘国内超大规模的读书市场，通过线下、线上读书会等业务实现用户几何级数增长。

在高端乘用车领域，沃尔沃重新定义"豪华"，运用科技守护健康、安全，提倡用户珍视生命的同时表达对家人的关爱，让品牌既环保又温暖有度。

如果仔细浏览上述企业的发展史就会发现，强者之间似乎有一种天然的默契，它们的发展战略无不与"十四五"规划的核心内容保持一致。这不仅是一种巧合，更是一种企业使命的必然。

毕竟，关于未来，没有人能准确预测。我们能做的就是将当下最正确的事全力以赴地做好，坚守为消费者创造更美好生活的初心，这是企业家的责任，也是企业家带领企业迎接挑战、迈向成功彼岸的底气。

"十四五"看似与我们普通人有些距离，但当我们抽丝剥茧地分析那些发展良好的企业时，就会发现这一规划的本质和支点与企业“不断实现人民对美好生活的向往”的初心相契合。以此线索再理解“十四五”规划中的双循环等新发展思路，就变得明朗起来。

那么，如何理解“十四五”规划？“十四五”时期，改革的难点和突破口是什么？“十四五”时期的发展思路和举措有哪些？企业的投资机遇在哪里？企业如何化危为机，实现高质量发展……这些都是备受市场关注的话题。

带着这些问题，本书针对“十四五”及其覆盖的重要概念及相关内容进行了深度解读，同时依托“十四五”时期“双循环”经济的大背景，对新的国际贸易形势、经济发展脉络、数字经济与企业应对策略、投资机会等方面进行了探讨。

打铁还需自身硬。企业作为中国市场发展的主体，需要抓住这一战略机遇期，在“十四五”规划落地实施的过程中发挥重要作用。从长远来看，“十四五”规划的实现，需要中国有更多的企业挺身而出、乘风破浪。本书选定了不同领域的代表性企业，通过它们的真实转型案例，帮助更多的企业管理者和创业者认清并把握转型的机遇，结合“十四五”的国家政策不断调整企业的发展思路，以适应发展变化的新趋势，从而在成功实现转型升级的同时，创造更多价值，让中国的消费者有更多的获得感。

道阻且长，行则将至。山再高，持续攀岩，总能登顶。

对中国的企业而言，“十四五”是一场关于信心、勇气、高质量的新征途。大河奔流开新路，层峦竦峙争高峰。集结号已经吹响，我们只有笃定前行，才能在新的征程上创造新的辉煌！

目录
contents

第 3 章　创富风口：“十四五”与双循环格局下的受益产业

第 4 章　内外兼修：“十四五”时期企业转型升级策略

第 5 章　提质增效：在新格局中掌握全链路环节

第1章　因势而谋：

读懂“十四五”规划，起航新征程

- 物有甘苦，尝之者识；道有夷险，履之者知。
- “十四五”规划向我们展示了中国未来的美好画卷，但在实现理想生活的过程中会有数不清的艰难险阻。如今，因新冠肺炎疫情冲击导致全球经济下滑，世界形势复杂多变，我国经济的发展节奏也被打乱。面对诸多挑战，我们更要在实践中深化认识、检验自己，坚定不移地以“十四五”发展战略为方向，在危机中寻生机，于变局中开新局，在新征程中乘风破浪。

1.1 读懂“十四五”规划

“十四五”赋予了2021年特殊的重要意义。读懂并谋划好“十四五”时期的发展是关键。

一、“十四五”的内涵

2021年3月11日，第十三届全国人大四次会议表决通过了《中华人民共和国关于国民经济和社会发展第十四个五年规划和2035年远景目标纲要》（简称“十四五”规划）的决议，为中国未来五年的发展指出了明确的方向。

在正确方向的指引下，中国会迎来新一轮发展高峰。“十四五”时期，社会经济发展的主要目标是：经济发展取得新成效；改革开放迈出新步伐；社会文明程度得到新提高；生态文明建设实现新进步；民生福祉达到新水平；国家治理效能得到新提升。

如表1-1、表1-2所示，“十四五”规划共包含十九个篇章的内容，并有一定的内在逻辑。

表 1-1 "十四五"规划的主要内容

"十四五"规划的主要内容	
第一篇	开启全面建设社会主义现代化国家新征程
第二篇	坚持创新驱动发展，全面塑造发展新优势
第三篇	加快发展现代产业体系，巩固壮大实体经济根基
第四篇	形成强大国内市场，构建新发展格局
第五篇	加快数字化发展，建设数字中国
第六篇	全面深化改革，构建高水平社会主义市场经济体制
第七篇	坚持农业农村优先发展，全面推进乡村振兴
第八篇	完善新型城镇化战略，提升城镇化发展质量
第九篇	优化区域经济布局，促进区域协调发展
第十篇	发展社会主义先进文化，提升国家文化软实力
第十一篇	推动绿色发展，促进人与自然和谐共生
第十二篇	实行高水平对外开放，开拓合作共赢新局面
第十三篇	提升国民素质，促进人的全面发展
第十四篇	增进民生福祉，提升共建共治共享水平
第十五篇	统筹发展和安全，建设更高水平的平安中国
第十六篇	加快国防和军队现代化，实现富国和强军相统一
第十七篇	加强社会主义民主法治建设，健全党和国家监督制度
第十八篇	坚持"一国两制"，推进祖国统一
第十九篇	加强规划实施保障

表 1-2 "十四五"规划的内在逻辑

"十四五"规划的内在逻辑	
一条逻辑主线	抓住建设社会主义现代化国家的逻辑主线，要在全面建成小康社会的基础上，快速构建发展新格局，科学把握发展新阶段，深入贯彻发展理念的同时深化供给侧改革，推动高质量发展，为全面建设社会主义现代化国家贡献力量

续表

"十四五"规划的内在逻辑	
三个核心要义	"十四五"规划的三个核心要义主要体现在"新"上，即新发展理念、新发展格局、新发展阶段
三大板块	阐述全面建成小康社会的成就，2035年的发展愿景，"十四五"时期经济发展的主要目标、指导思想与原则，我国的发展环境
	依托于新发展理念，在不同领域详尽阐述"十四五"时期发展的重点任务
	主要阐述党中央在新发展的规划与实施上发挥强有力的保障作用，统一领导和健全的规划制度为社会经济发展积蓄力量
五大原则	第一，继承与创新有机结合，使"两个一百年"奋斗目标融洽对接
	第二，调和好政府和市场的关系，最大限度发挥我国的制度优势
	第三，协调好自主与开放的关系，把握好国际与国内两大经济格局
	第四，重视发展与安全之间的关系，确保不发生系统性风险避免影响现代化进程
	第五，处理好战术与战略关系，既要有时效性又要有远见

"十四五"时期，战略导向的重点是：

（1）贯彻新发展理念、立足新发展阶段、构建新发展格局，多方位协调推动高质量发展。

（2）提升体系的韧性和最快适配国家内需，坚持以创新驱动、高质量供给引领新需求，深化供给侧结构改革。

（3）壮大国内市场，建立扩大内需的有效制度，培育完整的内需体系，坚定地推进改革、扩大开放，依托于国内经济循环体系形成对全球要素资源具有强大吸力的磁场。

（4）强化国内大循环的主体地位，以国际循环提升国内大循环水平，实现双循环发展，并相互促进。

二、“十四五”规划的5个关键词

从不同角度出发，往往可以发现事物本质的多样性。以下5个关键词能让我们从多个角度全面了解“十四五”规划的真正要义。

第一，三“新”。

“十四五”规划提出了三个新，即新发展理念、新发展格局、新发展阶段。

新的发展阶段赋予了新的发展内容。例如，创新为我国高质量发展提供动力，推进新型城镇化发展，优先乡村振兴等。

在“十四五”规划的经济社会发展的主要目标中，有一条是“民生福祉达到新水平”。具体内容是“实现更加充分更高质量就业，居民收入增长和经济增长基本同步，分配结构明显改善，基本公共服务均等化水平明显提高，全民受教育程度不断提升，多层次社会保障体系更加健全，卫生健康体系更加完善，脱贫攻坚成果巩固拓展，乡村振兴战略全面推进。”

2021年5月18日，乡村振兴工作领导小组会议全面召开，在会议上，中华人民共和国商务部落实了《中共中央、国务院关于实现巩固拓展脱贫攻坚成果同乡村振兴有效衔接的意见》实施方案及2021年定点帮扶工作计划，全面实现乡村振兴，为在“十四五”时期构建新的发展格局做出更大贡献。

第二，高质量发展。

在“十四五”期间，“高质量发展”成为高频词汇，如何高质量发展？首先要有合理的发展理念，能够有效满足人们的生活需求；其次坚持创新引领发展，让绿色成为普遍存在的形态；最后，做到公平公正公开、安全可持续发展。

如今，我国经济社会的条件和基础优越，所追求目标也更加高远。在全面建成小康社会后，人民日益增长的美好生活需要和不均衡、不充分的发展之间的矛盾成为主要矛盾。所以，我国经济社会必须坚持高质量发展才能顺利实现“十四五”规划。

第三，国内国际双循环。

习近平总书记强调，要充分利用国内超大的市场优势，按部就班地形成以国内大循环为主、国际国内双循环发展的新格局。在当前复杂多变的国际环境下，“十四五”规划明确了双循环发展的战略性意义。

双循环发展格局，立足于国内市场同时促进外需，让中国对内流通更便捷，对外开放更明确，增强中国经济的发展弹性和韧性，利用好国内和国际两种资源，让对外开放达到新的高度，是现代化经济体系的重要内容。

第四，社会主义现代化。

社会主义现代化是全面建成小康社会的延伸和发展。“十四五”规划中，特别强调了“扎实推动共同富裕”。通俗地说，共同富裕就是要让大家过上好日子，缩小收入差距，推进城乡协同发展。通过不断丰富社会主义社会的内涵和对现代化的持续追求来提升社会的文明和发展程度。

第五，系统观念。

新时代中国经济社会发展任务艰巨，在复杂纷呈的发展局势下，“十四五”规划要求坚持系统观念，协调国内和国际两大经济局势，在变中谋发展，发展中求变化。习近平总书记指出，全面建成小康社会意味着我国将开启社会主义现代化国家新路径，我们必须从系统观念出发去谋划和解决发展不平衡、社会经济矛盾错综复杂等一系列问题，才能全面调动各领域积极性，共同推进社会主义现代化建设的进程。

1.2 “十四五”时期经济发展的重要战略：国内国际双循环

2020年以来，新冠肺炎疫情的暴发加速了国际政治经济秩序的重组和洗牌。在用保护主义代替自由贸易，用单边主义代替多边主义，用冲突对抗代替国际合作的逆全球化大背景下，中国经济面临巨大的风险与挑战。

从短期看，我国企业面临技术和重要零部件受制于人、营业额下降、资金周转不利等一系列问题；但从长期看，也有利于我国加快结构性改革的步伐。中国属于大国，在过去“求生存”的阶段，经济基础较为薄弱，内需市场有限，因此通过拓展外部市场来拉动经济的增长，并成效显著。当内外部环境改变，未来为了减少发展的不确定性，形成可靠的长期发展动能，逐步提高内需是大势所趋。但也不能因此“闭关锁国”，在扩大内需的同时坚持对外开放，才会带动中国经济真正增长。

在这样的前提下，习近平总书记适时提出“逐步形成以国内大循环为主体、国内国际双循环相互促进的新发展格局”，这是基于对当前国内、国际形势准确判断做出的正确战略抉择。要发展双循环经济，既要解决短期内企业面临的生死存亡的问题，也要放眼未来制定适合企业长期发展的战略，未雨绸缪，抢占市场高地。

2021年，“十四五”已经开启，中国怎样才能加快形成双循环的新发展格局？下面我们抽丝剥茧地进行分析。

一、揭开双循环经济的神秘面纱

2020年7月30日，中共中央政治局在北京召开了会议，会议强调，自2020年新冠肺炎疫情以来，经济稳步恢复，复产复工逐渐好转，但当前经济仍存在诸多不确定性，形势依旧严峻，我们要用长远眼光分析中长期问题，致力于发展国内经济大循环、国内外双循环相互促进的新格局。这一战略部署，与国际经济环境的变化有关，但更重要的是，双循环经济是我国经济发展至新阶段的内在要求。

国内、国际循环不是对立关系，而是辩证统一的关系，二者相互影响、相互促进。想要打造新的经济发展格局，就要牢牢抓住国内大循环这个主体，更好地利用国内外两种资源、两个市场，在实践中不断探索，培育国内企业参与国际竞争和合作的优势。

如今，经济全球化已然走到了下半场，对外贸易中诸多不确定性因素逐渐凸显，国内经济必须要迈向高质量发展。在双循环战略的指引下，我国要深化企业内部改革，挖掘有效需求，发挥潜在市场的优势，以发展的眼光看待每个问题，用打持久战的心理面对每一次挑战。

我们有理由坚信，在新的发展格局下，无论外部因素多么具有挑战性、不确定性，未来中国依旧是世界上发展迅速的国家之一。中国是新技术创新和新平台孕育的沃土，作为中国的企业家，更应抓住这个机会，在推动自己企业发展的同时，助推中国经济的发展。

二、用辩证思维理解“双循环”发展的战略意义

对于大国的经济而言，都是由国内、国际两种循环组成，但究竟以谁为主体，还要根据国家的发展程度、发展环境和长远目标来决定，不是简单的、机械化的重复。

第一，我们要清晰地认识到中国的国内循环一直存在，其他大国亦是如此。很多人把“以国内循环”为主体的双循环政策简单粗暴地理解成“闭关锁国”，这是错误的认知。习近平总书记多次强调，国内大循环的本质是开放的，它同国际循环是相互配合与促进的关系。

第二，因为“双循环”战略思想备受瞩目，所以不管什么都开始往国内循环上靠，甚至很多区域也在讲解自己的大循环。国内双循环格局是一个战略，是国家的整体方向，不是属于哪个区域个体。

究其根本，内循环的出发点和落脚点是满足国内需求，载体是国内分工体系，内生动力是国内生产消费流通的顺畅以及新动能的不断提升，是以国际大循环为支持和补充形成的一个经济循环体系。

“国内大循环”不等于放弃“外循环”。虽然我们具有庞大的国内市场优势，但这种优势不足以容纳所有出口型企业的产能。

构建国内大循环与国内国际双循环，旨在通过重组国际贸易链和生产链，让国际循环能够多维度服务于国内循环。例如，外贸企业出口产品转为内销，充分发挥国内市场优势，帮助企业暂渡难关。这并不代表出口企业完全放弃海外市场，而是首先要存活，但仍需建立有效的外销渠道。我国对外开放的战略方针并未改变，只是发展到了新的阶段，并且在未来还要加大对外开放的力度。

三、“双循环”发展战略下企业的投资机遇在何方

结合“十四五”规划第五篇的内容——“加快数字化发展，建设数字中国”，中国经济发展的核心载体是数字经济。实际上，中国目前已是全球公认的数字化强国，且发展潜力依旧巨大。未来随着中国数字化进程的不断加快，其与实体经济的融合必将颠覆整体产业结构格局，形成全新的产业生态。如今，人工智能、大数据等数字化技术发展如火如荼、方兴未艾。人工智能将更有利于商业和制造业，因其更加精准和高效，能够提高企业及工厂的生产潜力，并且使人们摆脱简单的周期性任务，以达到提高生产力、解放劳动力的目的。总之，人工智能的进步必将全面改变人们的生活和工作方式。

大数据在商业的应用上更为广泛，大数据的核心目的是数据的价值化，可以辅助决策者做出合理的商业决策等。未来，企业进行智能化改造必然要依靠大数据的支撑。随着中国新基建设施建设的快速推进，人工智能、大数据等数字化技术与产业的融合和应用将更为紧密，也为经济发展和转型赋予了新的机遇。数字经济将成为中国经济高质量发展的新动能。

对于投资者而言，世界以及中国未来一段时间内的经济形态至关重要。企业可以在数字基础设施建设、数字化就业平台、数字经济应用、智慧城市的发展与升级等领域寻找投资机会。

第一，数字基础设施建设。

数字基础设施建设主要指与数据相关的基础软硬件建设，包括网络、数据中心、云计算平台、基础软件等方面。

数字基础设施建设是构建数字社会的核心。随着建设的完善，传统产业转型升级将得到强有力的推动，竞争力也将得到巨大提升。另外，新旧动能转换加速，新产业、新业态喷薄欲出。

第二，数字化就业平台。

人类社会发展进步最重要的资源和主体是人本身。因此，要使人的各项权益指标得到保障，解决就业问题是根源所在。数字化就业平台将是未来解决就业问题的最大倚仗和构建和谐社会的重要基础。它搭建的多边价值网络能够让就业、创业更加方便快捷、灵活自主、高质高效。

第三，数字经济应用。

模式上不断地更迭创新是数字经济的一大特点，并且每一次模式创新都能培养出新的消费形式和消费需求，进而扩大消费增量。新冠肺炎疫情暴发后，数字经济应用最典型的场景是直播带货。直播带货这种数字经济模式很大程度上削减了交易的前置环节，其独特的商业模式达成了扩大消费的目的。如今，数字经济平台已经逐步走向了更具深度、广度的2.0模型；未来，数字经济应用已与中国经济发展的进程须臾不可分离。

第四，智慧城市的发展与升级。

建设新型智慧城市被列为国家“十三五”规划，是国家的重要战略布局之一。智慧城市是指利用新一代信息技术，以整合、系统的方式管理城市运行体系，让城市中各个功能智能化协调运作，全面提升市民的获得感和满意度。如今，5G技术将驱动人工智能、大数据、云计算等一系列前沿科技，为提升新型智慧城市的建设进程服务。得益于智能和数字技术而生的智慧城市也将更直接地在数字化经济背景下得到大力发展和全面升级。更大范围的智慧都市圈、智慧城市群间的联通也必将成为经济增长的长远支撑。

全球范围内，疫情造成经济局势的动荡，更加凸显了中国经济市场的稳定性，企业可以立足国内市场，深耕新型数字经济及关联产业，通过对经济趋势的研判和行业洞察捕获新的投资机遇。

1.3　中国经济向高质量发展的新支点

党的十九大报告提出，“我国经济已由高速增长阶段转向高质量发展阶段”，推动中国经济向高质量发展既是“保持经济持续健康发展的必然要求”，又是“适应我国社会主要矛盾变化和全面建成小康社会、全面建设社会主义现代化国家的必然要求”。

想要真正实现“高质量发展”，首先，我们要对“十四五”时期我国经济高质量发展面临的内外环境有清晰的认知。

第一，全球环境不确定性下的“顺”与“逆”。

英国著名期刊《经济学人》称2020年是“动荡之年”，这里的“动荡”并非单指不安的世道，而是以“全球经济疲软”“不稳定”为标签。在未来，世界将面临更多的不确定性。这样的大环境背景也增加了我国外部环境的复杂性。逆全球化、贸易保护主义等思潮频出，“灰犀牛”“黑天鹅”等事件频发，我国与全球经济统一面临前所未有的挑战。但在这样的“逆境”下，也有发展的“顺”势。例如，我国的综合实力不断提高，在世界经济中所占的比重逐渐提升，国际贸易地位迅速攀升。

第二，大国合作竞争关系中的"分"与"合"。

我国与世界经济大国之间的关系走向影响着全球经济的稳定发展。在新冠肺炎疫情的影响下，很多国家经济衰退明显，失业率骤增。而我国为了经济更加稳定，积极拓展多边贸易，未来与世界各国合作依然是大势所趋，而在合作中全方位、深层次的竞争也将成为常态。

第三，中国经济升级转型的"破"与"立"。

从整体来看，我国国际竞争力不断提高，综合国力持续增强，发展前景广阔，可以说我国经济的基本面长期向好。在"十四五"期间，我国经济总量将进一步持续增加。不可否认的是，国内发展不充分、不平衡等矛盾依然存在，经济下行压力不减，在这个特殊的转型期，破除国内市场流通壁垒、建立并优化市场机制的重任依旧艰巨。

从目前来看，尽管我国经济高质量发展面临着错综复杂的内外环境，但令人欣慰的是，我国经济的总量在世界经济比例中有所提升；供给侧结构性改革进程不断加快；传统产业纷纷进行产业升级，国内过剩的产能正逐渐被化解，创新驱动引领产业结构调整与优化；现代产业体系的建设趋于完善；各区域协同发展，促进经济开放、提质增效；对外贸易呈多元化趋势；"一带一路"建设亮点纷呈……这一切使得中国经济即便在新冠肺炎疫情的冲击下，在全球主要经济体中依然是唯一实现正增长的国家。

"十四五"时期，以下几大举措将成为我国经济实现高质量发展的新支点。

第一，围绕先导产业展开布局，培育先进产业集群。

我国的数字经济、航天及生物医药等未来先导产业，需要更多的创新型领军企业，这些企业应从原有的规模优势向创新优势转变。例如，聚焦人工智能、5G网络、大健康等新兴产业，加快新生产力布局的同时，发挥各要素禀赋优势。此外，通过培育先进的产业集群，未来更多产业将从“大而全”转向“小而美”或“专而精”，高度嵌入国内大循环和国际外循环，成为全球产业竞争链中的关键一环。

第二，进一步推动区域协调发展，打造更具竞争力的城市群。

聚焦我国京津冀、长三角、粤港澳等重点区域，通过加快创新、导入人才，放宽落户限制，完善交通基础设施建设，推进偏远山区、革命老区、中西部等重点区域协调发展等方式打造先进制造业集群和世界级城市群，让更多城市群在全球竞争中焕发新的活力。

第三，强化创新，加速建设创新型企业和世界科技强国。

创新始终是引领企业和国家发展的第一动力。唯有通过不断完善信息基础设施等新基建，加大科技投入的力量，夯实创新驱动力，深化体制改革，完善科技服务体系等方式深入推进创新驱动发展战略，才能加快建设创新型企业和世界科技强国。

第四，完善社会主义现代化经济体系建设，全面深化改革。

未来，不断完善社会主义现代经济体系是推进市场改革、发挥市场在我国资源配置中主体作用的关键。在这一过程中，要打破垄断壁垒，加速构建竞争有序的市场，完善法制基础和各项保障，在改革中全面推进民营企业健康稳定有序发展。

长风破浪会有时，直挂云帆济沧海。

梦想不能一夜成真，中国经济的高质量发展也不可能一蹴而就。在中国实现现代化的重大战略节点上，“十四五”时期是中国经济发展从“富裕起来”到“强壮起来”的关键期，“十四五”规划更是中国经济承前启后、承上启下的关键中期规划，其终极任务是为下一个30年中国经济发展开好局。在这样的前提下，不管未来市场如何风云变幻，企业必须以更新、更务实、更立体、更开阔的战略思维努力转型，才会有在生死一线间求生存、在市场中占有一席之地的资本。

1.4 “十四五”时期中国经济增长的结构性潜能

改革的过程也是一次突围的过程。

在深圳等特区改革开放的实践中，习近平总书记曾总结的一条经验就是“必须坚持发展是硬道理，坚持敢闯敢试、敢为人先，以思想破冰引领改革突围”。

简单来说，突围就是无论外部环境多么不利于社会思想观念的进步、生产力的发展、体制的改革，我们也要从中开辟出一条新的道路。与其将过去几十年中国的发展称为“奇迹”，不如说是脚踏实地一步步突围的结果。经过一次次的突围，我国已经向高收入国家的门槛迈进，在经济增长方面，无论是增长速度还是增长动能、增长结构都历经数次转型。放眼国际，一些经济体在增长节点上大致相同，都面临着资源环境压力巨大、收入与财产分配差距加大等冲击，以至于增长速度放缓、停滞不前甚至倒退，落入“中等收入陷阱”① 的困境，而在中国这些挑战也都或多或少地出现了。

---

① 中等收入陷阱，指当一个国家的人均收入达到中等水平后，由于不能顺利实现经济发展方式的转变，导致经济增长动力不足，最终出现经济长期停滞的状态。

近几年，尽管我国的创新能力持续增强，但与发达国家相比，中国在高水平教育、科技等领域的差距依然很大。在这样的背景下，“十四五”时期的变革之路，简单地说，就是要在重重挑战中不断突围，无论是国家、企业还是个人，都应努力从“中等收入”踏上“高收入”阶段的台阶。

“十四五”期间，我们要大力挖掘符合中国国情的结构性潜能，使之与当下的增长期相配套。

一、“1+3+2”结构性潜能

在“十四五”时期，强大自身是未来行稳致远的基础。当然，“大”不代表“强”，但是“大”是“强”的基础。

当今国际大环境经济低迷，市场萎缩，因此习近平总书记在“十四五”时期提出了“双循环”战略，并强调国内大循环的主体地位，通过繁荣国内经济，为我国经济发展增砖添瓦。

具体我们可以从以下几个方面简要分析：

第一，无论是国内循环还是国际循环，其根源所在都是国内，出发点与落脚点都是以国内需求为基础，都是为了提高全民收入水平、满足人们日益提高的需求。

第二，从国际来看，大国多以内需为主，即便对外开放程度很高，但对外贸易的比重同国内贸易比还是低的。

第三，我国人口居世界首位，拥有超大型国内统一市场。因此，无论是同其他国家相比，还是于我们自身而言，形成以内需为主的经济大循环都十分必要。

第四，我国经济服务业比重逐渐上升，并且主体化倾向越来越明显。虽然数字经济推动了服务业的发展，但从总体上看，服务业仍旧是本地化更多，势必扩大了内需在经济中的比例。

总之，以国内大循环为主体符合发展规律和现实需求。而为了更好地将双循环落到实处，就要依靠“1+3+2”的结构性潜能。

如果我们把疫情冲击下的经济发展分为上、下两场，很显然，上半场是以宏观救助、恢复增长为主要目标。而在经济复苏回暖后，下半场就要转向落实具体中央战略，加速形成以国内大循环为主体的经济格局。在这个转变的过程中，“1+3+2”结构性潜能肩负着重要使命。结构性潜能是指中国这个后发经济体，在产业结构、消费者升级和技术进步、城市化进程等方面的发展潜力。

据国家统计局最新数据统计，2021 年一季度中国居民人均可支配收入为 9730 元，比上年同期名义增长 13.7%；全国居民人均消费支出为 5978 元，比上年同期名义增长 17.6%。而 2020 年中国人均收入约 1 万美元，这与发达国家的 4 万~6 万美元还有一定差距。中国经济的增长潜能就在于那些发达国家已经做了的，但中国应该去做还尚未完成的事情。这些未知的发展潜力，我们可以将其总结为“1+3+2”结构性潜能，这组数字蕴含的深层含义是：

首先，“1”代表了以城市群建设、都市圈为龙头，为中国高质量高速发展打下基础、拓展空间。城市群、都市圈具有生产聚集性和高效性，在未来十年，中国有 70%~80%的生产潜能将来自于此。这种规律也体现在如今的人口流动上。

其次，“3”指的是现阶段我国实体经济在经济循环过程中的三大短板：研发能力弱，基础产业效率低，中等收入群体规模不大、分布不均。

如今，基础产业要开放竞争促进投资，降低生产生活的成本，提升效率。要积极面对消费结构和产业结构的升级转型，分清中高收入阶层的消费重点是扩大服务消费，低收入阶层的消费重点是增加商品消费。在升级的过程中积极重组创新，尊重优胜劣汰的规律，提升中国在价值链中的地位。当然还要注重源头创新和基础研发的能力建设，为创新夯实基础。补齐这三大短板，中国才能打破中等收入群体的局限性，让这部分群体分布更均匀，达到更高的水平。

最后，“2”是指绿色发展和数字经济。如今对社会各领域产生横向纵向影响最大的无疑是这两点。例如，“地摊经济”都在使用微信支付，这就是数字化对经济系统改造的体现。绿色发展空间很大，也是相当重要的领域，未来也会不断产生新的增长动能，助力“十四五”发展。

二、改革突围，释放“1+3+2”结构性潜能的路径

改革突围能够有成效，主要在于“通”。通则速达，不通则痛，释放“1+3+2”结构性潜能，主要是深化市场改革，使每个环节都能畅通无阻。

第一，改进并完善经济政策。

改进并完善经济政策，在保证产品供给效率的基础上，重点向“提高质量”转移。中国市场巨大，但需要强大的消费能力补给，所以我们要更重视如何将消费能力转化为生产创新能力。把消费能力转化为生产创新的能力，是中国实现国内大循环的有效保障。

中国不仅是最大的消费市场，也要致力于成为产业链条中最高

效、最多变、最具生产力的创新国家。完善消费能力，从而转化成生产和创新能力，这是中国作为超大规模市场推动创新发展的切入点。

第二，补齐“新三大短板”。

想要补齐“新三大短板”，要有具体的措施。

首先，在基础产业领域，例如，电力、铁路、通信、天然气等领域，在促进竞争和放宽准入方面要有标志性的举措。这样的改革方式不仅会带动投资，还会降低实体经济和社会生产生活的基础成本。

其次，要想让中等收入人群发展至高收入阶段并相对均匀地分布，关键是要提升收入分配机制的公平性，这不仅是突破发展瓶颈的关键着力点，更是维护经济循环的韧性基础。另外，在需求侧，要增加经济的内驱力，实现经济的内部稳定；在供给侧，要避免复杂的出口产品结构，以缓和与国内贸易的冲突。在这一过程中，国民总收入增长主要取决于劳动生产率的上升，其实质是以“质”为主导的增长模式。而这正是“十四五”规划的重构与优化的重要体现。

最后，着力突破一批关键核心技术是增强基础研发能力的关键。目前，我国企业总体创新能力不足是制约当前经济的突出短板。我国飞机制造、生物医药、电子信息等重要产业，急需突破这些“卡脖子”环节，取得实质性突破，逐步缩小与发达国家的差距。

第三，打破各地高校与企业之间的人才培养“边界”。

目前，我国迎来新一轮产业和技术革命，量子科学、人工智能等新技术不断取得重大突破，共享经济、数字经济等在世界范围内掀起新的浪潮。在面对新业态、新模式时，高校的人才也面临着新的挑战。为此，我们有必要重新思考如何培养适应新变化、新需求的人才。最直接的办法就是，深化产教融合，展开校企合作，协同育人，打破人才培养的边界，培养具有创新能力、符合"十四五"时期新型产业要求的复合型人才。

第四，谋划更具前瞻性的对外开放举措。

从对外开放层面讲，要更具有强大的想象力，能够做到高瞻远瞩。国内要防止民族主义和种族主义，国际上要反对保护主义和单边主义。面对复杂的国际环境，我们要利用好自身大规模市场的绝对优势，用聪明的方法大力推动开放，对国际上某些势力起到制衡作用。必要时打出零关税、零壁垒、零补贴这三张王牌，虽然推进艰难，但在制高点俯瞰才能有机会在国际上争取到博弈的主动权。唯有坚持走正义的道路，才能在博弈中占据有利位置，引领全球开放发展。

1.5　起航新征程面临的新挑战

在今天这个复杂多变的经济局势下，党中央“莫畏浮云遮望眼，风物长宜放眼量”，从中国国情出发，把握发展大势，开启“十四五”征程，描绘“2035”蓝图。起点越高，面临的挑战就越大。因此，我们需要深入分析未来发展的环境和潜力，在新征程中的荆棘中拨云见日，寻找新的解决之道。

一、2035 年我国社会主义现代化可能实现的前景

党的十九届五中全会明确了奋斗目标，即到 2035 年人均 GDP 达到中等发达国家水平，基本实现现代化，其具体表现如下：

第一，人均 GDP 水平进一步提高。

我们从韩国、日本等国家成功实现经济体追赶的经验中可以看出，到 2035 年，基于我国发展潜力，可以基本实现现代化，但要保证可持续发展，避免大起大落造成经济动荡，用更妥善的方法管理对外经济关系，激发实现社会主义现代化的无限潜能。以此为基础再加上长达 15 年的努力，我们成为社会主义现代化强国指

日可待。GDP 水平提高对我国经济发展意义非凡。巨大的经济体意味着实现规模经济空间巨大，也就是说，如果和其他国家一样投入研发资金，我国的研发资金总量会更多，这就能支撑更多领域的技术研发，新技术研发成功又会带动新的效益，形成良性循环。

第二，财富的吸引力进一步增强。

随着现代化进程加速，我国经济在增长到上述规模的过程中，人民群众的收入也会随之增加，会有大批的中等收入群体涌现，也会出现一定数量的富人群体。为此，建立健全的法治体系，深化改革，提高人民群众的财产安全变得更加重要。只要有法治保障和改革思想，每个人就会在共享理念中使尽全力。

深化改革是提高国家储蓄和资本积累、创造更多就业机会的内在需要。亚非银行发布的《2020 年全球财富迁移报告》数据显示，2020 年因疫情到来，高净值人群的流入和流出下降，移民人数也在减少，有些是不愿意迁移，也有些是推迟移民计划。但时光倒回至两年前，我国在 2018 年就已经跻身世界第二大私人财富市场，我国私人总财富在 2008—2018 年增长了 130%，涨幅程度位居世界之首。

所以，我们要加大对高净值人群的吸引力，进一步激发企业家的创新能力，提升国家竞争力。

二、中国企业应正视困局、认识变局、积极破局

回望"十三五"规划实施至今，中国经济保持中高速增长，持续调整产业结构，成为全球经济发展的主要动力之一。在"十

三五”的发展进程中，中国在世界经济中的话语权不断加强，同时促进全球产业链升级，深度参与国际竞争，坚持技术创新。

在“十四五”规划开始之际，中国企业需要从实际出发，深刻认识变局下的全球经济和产业发展趋势，积极筹谋变革，遵循高质量发展的主线，为构建世界一流企业寻找破局之道。

五年规划作为长期发展路径，需要放在时代的坐标中客观看待面临的挑战。例如，金融压力、流动性风险、地缘政治、贸易争端升级等，在挑战中也会倒逼产业升级、竞争方式升级、技术升级，磨炼出一批在这场竞赛中脱颖而出的企业，创造高质量发展的机遇。

中国企业首先要了解如下三个结构性变局，才能在变局中找到适合自己的发展方式，顺利地承上启下。

第一，格局的变化。

在全球化进程中，价值链进行再分配，分工日益明确，全球贸易和生产体系发生重要变化。

（1）价值链重构

全球分工导致各行业被细分到不同的阶段和区域，从而形成研发、设计、制造等特定产业，这些产业往往呈规模化发展，进一步拉开各个环节的附加值差距。例如，新资源和技术会快速向高价值产业聚集。因此，企业未来的增长，要看企业能否快速跟上时代步伐，在价值链重构之前抢先入局，为培育新动能夯实基础。

（2）区域格局重构

如今，中国企业正在进入某些行业价值链的上游，例如，为新兴经济体提供纺织品。一些低价值产业开始由中国转移到东南亚国家。例如，对于劳动密集型的产业，中国和其他新兴经济体相比已不具备优势，中国企业需要重新审视自己，找准自己在全球价值体系中的位置。

第二，增长的变化。

因新冠肺炎疫情冲击，全球经济发展下行压力巨大，各经济体增速放缓，投资力度和制造业活动都在减弱。未来，细分领域增长会更加明显，会有越来越多的优质资源向头部企业聚拢。此时的中国在供给侧改革、创新创业、消费升级等方面提供了更多的机会，消费结构重心开始向通信、娱乐、交通等领域倾斜。

在产业升级的过程中，那些有所准备的企业将获得更多增长，其中支柱产业的优势更加突出，将形成上中下游一体化产业链集群，并最终形成各产业协同发展的平台。对于那些融资能力强、现金流充裕和资产管理健康的企业来说，可以在整合中占据先机，在市场整合的过程中不断提升行业集中度，加速企业转型升级。

第三，技术的变化。

科技创新深入各行各业，数字化应用分化出更多机遇。先进的生产力一定是依托于科技进步。通俗地说，科技是变革浪潮中的核心竞争力，中国企业必须具备创新造血的功能，尤其是在产业链中至关重要的环节要尽量减少对外国技术的依赖。例如，数字技术的三大推动力是去中介化、分散化和非物质化，将重新塑造高生产力的价值链，重新构造传统行业的商业模式，这也是中国企业在数字化时代的大机遇。

正确认识机遇与挑战是企业积极寻求破局之路的开始。

过去中国企业依靠改革、资本和人口三大红利快速扩张，却缺少对财务状况、组织健康、价值创造和增长方式的关注，所以产生了企业不快、不强、不活的局面，这也是中国企业在未来发展中需要面对的挑战。

第一个挑战：中国企业还不够创新。

中国企业发展至今，传统生产模式已经不适合当下企业发展。新手段、新能力和新路径还没有完全完成匹配。在中国500强企业中，利润最高的20家企业多集中于能源、金融资源集中性较强的行业。科技与消费品产业的回报率低，但在科技发展的大趋势下，其发展潜力和盈利能力将更加突出。

在国际上，中国企业在科技创新方面的竞争力较弱，科研成果落后于美国，对数字化仍旧停留在简单的表层认知上，真正了解数字化内涵并成功转型的企业较少，很多企业尚未具备在国际市场拓展新业务的能力。

第二个挑战：中国企业还不够强壮。

中国企业体量增长较快，但价值创造力较低。与传统会计核算利润相比，经济附加价值能够更加快速核算出企业是否盈利，能否创造性地完成企业目标。据统计，近些年有70%的企业经济附加值增长为负。再加上中国企业两极分化明显，头部企业创造价值的能力不断提升，而尾部企业却亏损严重，总是在底部摸爬滚打难求发展。从整体经济发展趋势看，当资本杠杆驱动向经营杠杆驱动转变时，提升自身的价值创造能力是企业要过的第一关。

第三个挑战：中国企业还不够有活力。

中国企业活力不足，有些企业无法敏锐地捕捉到转型的时机。近些年，中国企业在领导力、激励机制、协调与管控和发展方向等方面提升明显，但在组织能力、创新学习和外部导向等方面进步不大。中国企业在追求内部管控的同时忽略了外部导向，普遍存在体制机制活力不足的问题。

中国企业需要注入活力，打造更有活力的新体制与机制，建立敏捷度高的扁、平、快组织，提升组织效率。只有充满活力的体制和机制，才能更好地激发企业潜能，突破发展瓶颈，快速实现创新和转型。

在“十四五”规划这张宏伟的蓝图里，有的企业会随风而逝，有的企业会逆风而上，重获新生。在机遇和挑战并存的当下，中国的企业唯有坚定不移地按照“十四五”规划前行，未来才能在国际上发光发热，吸引他人追光前行。

第2章 顺势而为：以科技创新理念引领企业高质量发展

- 每个企业都想基业长青，但商业竞争是残酷的。在现实中，只有极少数企业能够活下来、活得好。
- 在“十四五”规划中，双循环是新的发展格局，创新被摆在重中之重的位置。身处其中的企业不仅要得势、成势，更要懂得顺势而为。
- 在“十四五”期间，企业必须紧盯创新链条，通过各方资源的合力，解决本领域或相关业务中“卡脖子”的关键问题。企业打通堵点才能步步为赢，找到核心技术的突破口才能真正实现创新，走上高质量发展之路。

2.1 “十四五”时期双循环新格局下企业的发展思路

2021年正处于“十四五”时期的第一年，李克强指出，“‘十四五’时期，外部环境可能更加复杂，不确定性和挑战更多，我国正处在转变发展方式、优化经济结构、转换增长动力的关键时期，人民对美好生活有更多期盼”，加上疫情下中国内外部环境的变化，企业在“十四五”时期面临更多挑战。中国经济的发展离不开效率与质量，而要提高效率和提升质量，就需要加快产业链结构调整，加速产业转型升级以及跨界融合的进度，持续扩大内需。今后无论在政策上还是投资风口上，都将围绕“循环”二字展开。

一、新格局下改革的突破口

国内、国际循环互促互进的新发展格局的形成，不是单纯的市场问题，更不是简单的产品外销转为内销的问题，还包括社会生产和再生产问题，涉及消费、生产、分配、流通领域，最终达到

“增强供给体系对国内需求的适配性，形成需求牵引供给、供给创造需求的更高水平动态平衡”。政府和企业要破局需从以下五个方面着手：

第一，在现有基础上继续深化市场经济改革，营造更加生动活泼的营商环境；

第二，提高生产力水平至关重要，关键在于掌握核心科技以及人才储备，其中尤以人才的培养、引进以及用人机制为重中之重；

第三，收入分配制度改革，也是扩大内需的客观要求；

第四，大力发展民营企业中的“中小微”企业。相比大企业，“中小微”企业具备转型快、机制灵活等优势，其发展程度直接影响市场经济活力；

第五，在产品品质上下足功夫，打造更多的国产优质品牌。

上述破局路径的实现要从以下三个方面寻找突破口：

第一，国内的资金循环要健康有序；

第二，释放国内潜在的市场需求；

第三，达成短期、长期内的科技突破，站在全球科技创新的风口，争取在更多的科技领域内领跑。下面我们来具体分析。

首先，国内资金的循环是支撑内循环的基础。以股票市场为例，A 股的上市企业未必是领域内最好的企业。如腾讯、阿里巴巴等企业都未在 A 股上市，而广大的消费者却在为腾讯贡献流量，为阿里巴巴“剁手”，相当于我们在养活内地以外的投资者，这样就无法形成资金循环上的闭环。

其次，国内仍有一大部分人限于收入不足，没有坐过飞机，夏天没空调、冬天没暖气。要释放这一部分人口的消费需求，农村城镇化是关键，让进城的人安家、就业，找到归属感，无后顾之忧，真正扎根下来。另外，超过4亿的达到中等收入水平的人口因为基础公共服务中的教育、医疗、养老、住房问题等而谨慎消费，甚至不敢消费。这两类人群是释放国内潜在市场需求的“沃土”。从另一个角度讲，刺激、释放他们的消费需求，需要公共政策发力。例如，教育改革，义务教育延长至12年等，让所有的孩子基本达到高中毕业水平，未入大学者皆有一技之长，能够立足社会，并具备一定的上升空间。而诸如住房问题、养老问题等同样需要解决和保障。如此，达到中等收入的人口才敢于消费、愿意消费，而中等收入水平的人口也会与日俱增，潜在的市场需求即被激活、释放。

最后，在科技上，既要守住既有领先领域中的“珠峰”，也要勇于攀登并占领其他领域的制高点，例如人工智能、生命科学、互联网深层次多维度开发应用等，多管齐下、百花齐放。目前，国内的量子通信技术、“人造太阳”、激光技术应用等都处于国际领先水平，而像航天工程等也在加快脚步追赶国际先进水平。

二、促进外贸企业转型升级，“三同”工程不可忽视

为了大力推进出口食品企业的优质产品迅速投放到国内市场，满足国内消费升级的需求，国家认监委、原国家质检总局启动了“三同”工程。具体而言，“三同”工程是指出口产品内外销“同线同标同质”工程，即出口企业处于同一生产线，产品无论是出口还是内销都要按照同样的标准生产，使国际市场和国内市场的产品达到同质量、高水准的统一标准。通过该政策的实施，国家

大力支持具有出口资格的企业开拓国内市场，运用相关备案管理手段，提高国内食品的供给质量，满足消费者的个性化需求。

关于“三同”工程，中国最新的政策是：

中共中央办公厅、国务院办公厅于 2021 年 1 月印发了《建设高标准市场体系行动方案》，其中明确指出，在医院用品、家用电器、生活用品、婴幼儿配方食品、消毒用品等领域，制定一套国家级的检测方法，推动消费品在国际市场向高品质发展。

2021 年 3 月，十三届全国人大四次会议《政府工作报告》提出，鼓励企业积极面对产品创新，推动内销和外贸产品同线同标同质发展。在双循环经济的大背景下，“三同”工程可以在一定程度上满足供给侧个性化需求。

为了更好地促进外贸企业在“三同”工程上的发展，政府和企业可从如下几点切入。

第一，以需求为导向拓展宽度，把“三同”产品的实施范围从食品、农产品扩大到消费品、工业品领域。

第二，以目标为导向扩展深度，借助企业的连带作用，先从一个行业入手开启“三同”工程，再带动另一个行业，最终提升整个社会生产力。

第三，以服务为导向展现不同的载体，通过“三同”公共信息平台的宣传，完美对接各个商业平台，让“三同”工程真正开启循环运作。

第四，以结果为导向看成效，政府充分履行职责，发挥其引导、示范和指引的作用。企业履行主体责任，在各种便利条件和外力的支持下，加强建设与管理，保证“三同”项目的信誉，为消费者提供更多的优质产品。

总之，在“十四五”时期，企业要寻求转型，就要在把好质量关的同时及时调整思路，顺势而为。尤其是一些传统行业的民营企业，正面临生存困难、需求不足以及对人们生活方式改变的“水土不服”等问题，调整经营思维和业务结构已是当务之急。

2.2 创新驱动企业高质量发展

天下之事，非新无以为进。企业发展离不开创新，创新既是驱动企业前进的主要动力，又是企业建设现代化体系的关键支撑点。

一、“十四五”时期是企业“强身健体”的关键期

综观全球，世界经济重心不断调整，世界政治格局变化速度加快，科技变革和产业发展日新月异。中国正处于最佳的发展时期，在世界发展格局中起着至关重要的作用。同时，中国经济发展的问题也日益凸显：一方面国内经济产业初显空心化，区域经济差距越来越大，国民经济增长速度缓慢，生态环保问题越发严峻；另一方面中美贸易摩擦对外部环境影响巨大，导致中国经济发展受到限制和阻碍。可以说，“十四五”的五年将是中国发展的关键期，也是企业突破自我的上升期。

企业在过去即使没有技术创新和管理创新也能生存，但随着近几年中国的人力成本、环境成本、土地成本等要素成本的上升，如今若想生存，企业必须有技术创新和管理创新的支撑，而这些

都需要较高成本的投入。“十四五”规划针对企业继续扩大直接融资比例、加强金融支持、帮助科技型企业迅速发展都提出了明确的建议。扩大直接融资比例，可有效地降低企业融资成本，加大对科技创新型企业发展的支持力度。因为科技创新型企业主要以人力资本和知识产权为核心资产，想要通过有效定价以及抵押方式得到银行等间接融资机构的支持是非常难的，但直接融资却可以做到这一点。

其实，早在2019年政府工作报告中就提出“改革完善资本市场基础制度，促进多层次资本市场健康稳定发展，提高直接融资特别是股权融资比重”，科创板也在这一年6月设立；2020年3月企业债券发行实施注册制；2020年6月创业板正式启动注册制试点。近几年的这些举措和试点都标志着未来我国直接融资的发展将不可估量。直接融资的发展对高科技企业与现代服务业增多所带来的产业升级有很大的影响。我国产业结构升级迅速，传统产业呈现弱化趋势，高科技行业、医疗、消费及信息技术等现代服务业发展迅猛。直接融资的举措让创新型企业获得资金支持更方便、快捷，将所得资金投至企业研发，提升创新能力，进而助力企业转型升级。

此外，我国还将在“十四五”期间加大力度支持R&D经费[①]的投入，提升R&D经费的投入强度，具体措施包括：支持基础研究和应用研究；支持关键技术和核心领域；完善和实施促进企业科技创新的相关政策；营造良好学术生态和创新环境；支持企业

① R&D经费，指全社会研究与试验发展经费。

加大力度投入研发项目；稳固企业创新主体地位；通过 R&D 生产质量和效率的提升，帮助企业在核心技术及重要领域实现巨大的飞跃。

二、科技与创意成为企业高质量发展的“双轮”驱动力

科技与创意驱动着现代经济发展的车轮不断前行，它们是企业高质量发展和世界步入知识社会的“双轮”驱动力。人类前进历程所展现的发展规律说明，科技、产业、经济、社会、制度、文化之间的关系密切——科技发展推动产业发扬与壮大，产业壮大影响经济增长，经济增长助力社会转型，而社会转型又离不开制度与文化的创新。从科技、产业、经济到社会、制度与文化，六者相辅相成、相互推进，一起聚合形成引擎动力超高的前进“车轮”。

在知识经济时代，科技革命的第四波指导思想是：既要科学、合理、综合、高效地将现有资源利用起来，又要竭力开发尚未利用的或可再生资源以代替即将枯竭的稀缺自然资源。而从高新技术产业体系中分离出的，以创意和知识为核心的，具有附加值高、消耗资源少等优点的现代高端服务业，就是创意产业。被创意引领的产业、产品和服务，都在世界最具活力的经济领域占有一席之地，成为经济增长的主要驱动力。

近几年，一系列新科技井喷式释放。以中国家电行业品牌之一小熊电器为例，企业最需要思考的问题就是怎样把科技创新变成推动企业高质量发展的支撑。

小熊电器成立于 2006 年，经过十多年的不懈努力，现已成为

国内研发实力强、产品质量高、产品类型多样化的创意型小家电企业之一。与此同时，小熊家电还一直注重用户体验，打造让用户轻松、愉悦、可分享的产品，使人与家电、生活完美融合，让原本没有情感的现代科技家电多了温暖和人情味。

多年来小熊电器一直致力于提升自主研发能力，对产品不断创新与升级，使品牌的核心竞争力得到了有效的提升。除了研发创新之外，小熊电器对产品的科技含量有更高的追求，坚持在科技的道路上加速驰骋。随着智能科技的发展，小熊电器开始加大智能制造生产建设的投入，引进华为等品牌机器人，用来完成装配、测试、包装等工作，实现全自动化生产线，这不但让小熊电器的生产效率得到了大幅度的提升，而且有效地降低了产品的不合格率，确保了产品质量的一致性。

如今，我国已成为世界第二大经济体，科技发展是立国之本。未来，任何一个行业的企业，想要为用户提供高品质的产品和服务，都离不开科技的加持，唯有提升产品的创新驱动力，才能为产品的新意和科技感赋能，让传统企业焕发新的生机。

苏州某电气企业，早期发展主要侧重于产品研发，该企业认为只要有好的产品就能带来可观的收益。后来，该企业发现，好产品不是凭空想象出来的，而是通过智能思维创造出来的。思维变革引领产业变革。该企业迅速打破原有的生产线，打造了一个由一台机器 24 小时不间断作业的智能化车间，在提高了生产效率的同时，产品的生产、设计、制造、物流等其他环节也得到了智能化的提升，为企业今后的高质量发展奠定了基础。

“强身健体”不仅要求企业从自身出发提升内驱力，更意味着企业不能"等、靠、要",而应主动拥抱新技术、融入新领域,将创新理念延伸至企业生产的各个环节,视创新为企业的生命。创新犹如一艘大船,唯有生产线上的各个环节协同发力,企业的巨轮才能行稳致远,企业才能插上腾飞的翅膀奔赴未来。

2.3 在“双循环、双演进”的基础上“两条腿走路”

“十四五”时期，“双循环”带动的是中国经济的“双向开放”，这也将助力中国企业“两栖发展”。简单来说，企业既要立足“国内大循环”的国内市场，打通生产、分配、流通、消费等环节，提高产品质量，坚持创新导向；同时也要参与到“国际循环”，有效利用全球资本、人才、技术，提高企业的国际竞争力，最终通过“两条腿走路”助推企业“两栖发展”。

智者懂得顺势而为。企业要清楚当下的“势”是什么。

一、中国经济“双循环、双演进”的核心路径

在“历史”与“全球”组成的坐标系中，“内循环”和“外循环”均将呈两个维度的动态演进。双循环的内部维度变动，以运行稳定为主；双循环的外部维度变动，以开拓致远为主。基于此，“双循环、双演进”的核心路径呼之欲出。

在“国内大循环”中，中国的经济活动以及政策将要遵循以下两条核心路径。

路径一：国内经济活动的循环要畅通，使经济形态处于稳定均衡状态。在新冠肺炎疫情影响下，原来的外需产业链已经不再是中国经济发展的动力反而成为阻力，这种反差导致了经济形态的失衡。因此，“内循环”的第一要务是以国内市场需求取代国外市场需求，并从三个方面努力使国内经济的自我循环畅通，使经济形态恢复均衡状态。

第一，外贸出口转内销、调整外贸企业产业结构，促进国内市场供给与需求的有序循环。

第二，保证居民就业、完善社会保障体系，维护经济增长与民计民生的良性循环。

第三，通过政策振奋实体经济，使实体经济与金融两架“马车”并驾齐驱、交叉循环。

路径二：促进国内供给与需求的升级，让经济形态的均衡水平达到更高层次。以长远眼光来看，随着中国市场供给与需求的升级，“内循环”的整体性将发生迁移，且演变过程体现在三个方面。

第一，“内循环”的体量增长，表现为：全要素生产率的全面提升所支撑的较高的经济自然增长率。

第二，“内循环”的质量优化，表现为：产业技术革命使经济高质量发展得到了强力推动。

第三，“内循环”的开放性加大，表现为：“内循环”并不是封闭的，而是随着“内循环”的体量和质量迈上新的台阶，中国经济对于外部的冲击抵御力会更为强大，在全球经济体系中扮演的角色也将更为主动和灵活。

另外，为了拓宽上述两条“内循环”需遵循的核心路径，未来中国的经济政策将呈现三个特点。

第一，结构性改革。经济治理的侧重点将会从周期性转为结构性，直接、高效、精准的政策将被更广泛地推广应用。

第二，疏通经济运行道路。区别于过去任何时期的扩大内需，未来的经济政策对于需求侧的强刺激可能不再是主导，而会着重强调打破经济运行中的桎梏和藩篱、疏通道路，以达到对供需两侧同步循环发展的强化。

第三，数字化转型。未来，数字经济的应用将赋能供求两侧快速升级。

“外循环”与“内循环”的核心路径有相似之处，同样有两大路径。

路径一：政策性扩大开放，让中国更深入地参与全球价值链融合演变的进程。例如，人民币加速成为国际交易货币、“一带一路”倡议的持续推进等，都能够促进“内循环”与“外循环”更加趋于多元化灵活交互演进，还能够缓冲国外保护主义对中国经济的负面冲击；另外，“内循环”的稳定运转，也能促使中国有自信扩大更高规格和质量的对外开放，以“亲诚惠容”的面貌与越来越多的国际贸易伙伴实现共赢，结交更多的朋友以应对单边主义的冲击。

路径二：力争全球价值链“C位”①，主导全球经贸体系架构建设。放眼全球，目前中国制造业在全球价值链的位置处于中下

---

① C位，即Carry或Center，核心位置的意思。

游，而力争上游就必须引入相应的技术，无疑难度很大。但只要“内循环”促成整体产业升级，中国经济在“百年未有之大变局”中或将一飞冲天，由此，中国在“外循环”中可以在三个方向给自身定位。

第一，将自身在全球价值链中扮演的供给角色转换为“供给+需求”角色。

第二，将中国制造打造成为覆盖科技智能化等全领域的高端制造。

第三，将过去全球经贸体系中的被动地位，提升为主动引导地位。

在以上四条路径的相互关联呼应下，且在“国内大循环”主导的基础上，“双循环”的运转将集中体现在以下两个方面。

第一，“内循环”要实现取长补短、扩大内需，而“外循环”中要使中国经济成为受益者，打破长久以来的外部技术、金融和贸易壁垒，充分调动国内外两个市场的资源。

第二，“内循环”的稳定运转，是中国经济昂首立于当前全球经济金融环境下的根本，这也将促进中国经济更加主动地参与到全球经贸体系架构的建设之中，在根源上杜绝外部风险和冲击。

上述“双循环”的四条核心路径皆以中国经济高质量发展为根本出发点，这符合“十四五”规划的核心要义。可以说，“双循环”新格局是战略意义上的中国经济高质量发展的核心框架，更是中国成为经济强国的“神来之笔”。

二、企业观察："两条腿走路"才能逐浪未来

全球商贸和物流在疫情冲击下严重受阻，尤其是外贸企业。然而，出口转内销之路也注定崎岖不平，尤其是对于中小企业而言。

外贸企业转型产品内销，面临的竞争对手不仅是国内的企业，还有国际上的企业。为了转型成功，中国企业要顺应"双循环"，学会内销、外贸"两条腿走路"。

例如，一家企业以生产笔为主，平时某型号的笔往年可能出口数量在50万支，而疫情期间只有10万~20万支。即便疫情结束之后也很难再回到峰值。这是现实情况下无法改变的局面。

企业在面临出口受阻的问题时，不能只单纯地考虑将产品转往国内销售，而应通过对国内、国外市场的综合洞察研究来制定企业的转型策略。该企业决策层统一意见后，砍掉了十几项费用，而高达600万元的数字化改造费用却得以完整保留，可见其寻求科技转型的决心。

锦浪科技股份有限公司是一家专业从事分布式光伏发电系统核心设备组串式逆变器研发、生产、销售和服务的高新技术企业。企业主要产品组串式逆变器是太阳能光伏发电系统不可缺少的核心设备。锦浪科技在国际市场的布局直达销售网络基层代理商，与国外优质客户建立的合作关系长期稳定，2020年第一季度，其海外业务"逆疫而行"，收入同比增长高达65%；而国内市场，该企业的新技术应用以及丰富的产品线同样占据市场优势，收入稳定增长。锦浪科技不仅"两条腿走路"，而且脚下生风、一往无前。

疫情期间最火爆的销售新模式非“直播带货”莫属，这同样适用于国内、国外两个市场。

盲盒开发商泡泡玛特在2020年4月就开启了在速卖通（阿里巴巴旗下的面向国际市场打造的跨境电商平台，被称为“国际版淘宝”）上的直播活动，在其直播活动中开启的探店活动，让海外消费者能更直观地了解实际产品，激发他们的消费热情。

曾经，中国的大批外贸企业凭借强大的制造力行销海外，随着“十四五”时期“双循环”新格局的到来，这些企业想要逐浪未来必须以全新姿态转型升级，但任何企业在国内外市场立足发展的核心竞争力都是产品与服务的高质量。

2.4 践行 ESG 理念，向更高质量迈进

美国著名学者、作家麦克·哈特在其著作《影响人类历史进程的100名人排行榜》中，以人物传记的方式，深刻地描述了上榜人物的事业和贡献，其中，福特是榜单中唯一的一位企业家。他说："一个好的企业家和一个伟大的企业家的区别在于，一个好的企业家可以向社会提供好的产品和好的服务，而一个伟大的企业家不仅提供好的产品和好的服务，还要尽自己的努力让这个世界更美好。"

今天，世界经济的发展增添了许多不确定性，这也促使更多有责任感、有担当的中国企业家开始反思。未来企业如何发展才能与我们赖以生存的环境、整个社会相关利益方和世界更好地连接起来。由此，ESG 理念呼之欲出，在全球范围内引起了广泛的关注。

一、衡量企业高质量发展的重要维度：ESG

ESG 是英文 Environment（环境）、Social（社会）和 Governance

（治理）的首字母缩写，是一种关注环境、社会、治理绩效而非财务绩效的投资理念和企业评价标准，是衡量企业是否具备高质量发展的重要指标。践行 ESG 理念能够为企业高质量发展提供强有力的支持。

2006 年，联合国前秘书长安南牵头发起联合国责任投资原则组织（UNPRI），该组织将环境、社会和治理概念整合在一起，首次明确提出 ESG 理念。此后，投资机构将 ESG 概念不断深化，逐渐成为全球的主流趋势，其中可持续发展、降低风险和监管趋势是 ESG 投资主要的驱动力。

在我国，ESG 概念最早来自《高盛环境政策：2006 年终报告》，在可持续发展的理念下，ESG 是衡量企业高质量发展的重要维度。

可持续发展是我国的长期战略，习近平总书记在《中国落实 2030 年可持续发展议程进展报告》发布会、第二十三届圣彼得堡国际经济论坛、首届可持续发展大会等场合均肯定了可持续发展的重要性，并指出中国会全面深入落实《2030 年可持续发展议程》。企业作为经济社会发展的重要推动力量，是实现可持续发展的关键。“十四五”期间，更着重强调的是企业要寻求高质量发展，不仅要提高创新能力与意识、产品的竞争力与附加值、盈利水平，还要坚持可持续发展理念与绿色发展，保护环境、减少污染，履行社会责任，提升企业治理能力，在可持续发展中推动企业高质量发展。

目前，我国 ESG 推广尚在初级阶段，但通过深圳证券交易所、上海证券交易所、中国证监会出台的大量指引文件可以看出，推进ESG工作脚步明显提速。其中，有很多优秀的中国上市企业，在引导、推进其他上市企业进行ESG披露的过程中起到了带头作用。企业通过合理的ESG评级，能够第一时间发现企业在社会责任、环境保护、公司治理等方面存在的问题，倒逼企业迅速采取对策解决问题，实现企业高质量发展。

二、中国企业的ESG样本

如今，中国已经有一些企业走在了ESG发展道路的前列，其中就有中国平安。

中国平安作为国际领先的科技型综合金融集团，近些年一直在深化ESG战略实施，并将其融入企业的经营管理，堪称中国ESG的先驱。2019年，中国平安率先签署了联合国《负责任投资原则》，是首家签署的中国企业，也是首家签署《可持续保险原则》和《气候行动100+》的中国企业。据中国平安公开数据统计，截至2020年年中，平安集团保险资金责任投资规模高达1.9万亿元，在专业的金融服务和产品推广过程中，推动社会和行业向社会友好型、资源友好型发展，更好地为社会赋能，践行中国平安ESG的责任使命。

2020年12月5日，新华社中国经济信息社与中国平安集团在“2020中国企业家博鳌论坛·中国财富峰会”上联合发布了“新华CN-ESG评价体系”。在“科技产品提供者”和“负责任的资产所有者”双重身份加持下，中国平安构建了“道、控、器、事”四位一体的ESG投资管理体系，其打造的CN-ESG智慧评价体系极具中国特色，具有实用性、智慧性和系统性特点。这套体系从实际出发，根据国内监管要求和经济发展进行了中国特色改造，具有本土化特征，在满足国际可比性的同时，聚焦了中国企业ESG核心问题，满足多方要求。中国平安在责任投资方面的突出表现得到了国际评级机构和投资者的普遍认可。

具体分析，运用该体系对A股上市公司进行总体评分，平均值为42.2。在全A股中，最高的企业分数是81.8，最低的企业分数是11.1，处在40~50分段的企业为34.5%。这种状况基本与目前中国企业ESG理念初期发展情况相符。

如果按企业类型划分，ESG总分最高的是中国国有企业，其次为公众企业；如果按行业划分，ESG总分最高的是金融行业，其次为电信服务行业。

中国企业想要全面推行ESG理念，需要政策跟进，行业、投资者、企业与市场多方参与，运用科学技术和大数据管理推动ESG发展。“十四五”时期，中国市场将在双循环的新发展格局中逐步开放，加上地缘政治变局不断，国内对ESG的相关监管要求也更加严格。对企业来说，要向纵深发展，构建灵活多变的市场经营机制，激发企业的无限潜力。

第3章 创富风口：“十四五”与双循环格局下的受益产业

“十四五”时期，企业有多维度的投资机遇。在需求端，中国庞大的人口基数，象征着中国的物质、文化、生活市场蕴藏着巨大需要。在供给端，中国制造在全球经济中早已成为主要力量，但产业结构不够合理，高端制造的占比明显不足，迫切需要优化升级。在信用端，银行贷款、资本市场融资等都是经济循环中的血液，并对实体经济起到至关重要的推动作用。

如今，“十四五”与“双循环”新格局正在促进国内市场的产业结构调整，释放消费潜力，推动制造业转型升级、科技智能创新发展。企业唯有及时了解最新的受益产业，才能明确转型的方向，获得资本市场的更多关注。

3.1 “十四五”与“双循环”覆盖哪些产业

“十四五”规划在民生上依然强调保障人民基本利益，让人民健康、高质量地生活，持续提升居民平均收入水平。经济上则以创新发展、产业升级、扩大内需、促进“双循环”为主。因此，未来一些惠及人民生命健康、提高品质生活的行业领域值得关注。

一、“十四五”时期，“双循环”的重要要求

“内循环”中有一个重要要求——升级中国制造业，如5G、人工智能、半导体等直接影响国家竞争力的高端制造行业，将成为未来产业价值链条上的“明星”。过去，对于这些行业，国家任其在商业上自然发展；如今，已经划入国家商业战略层面，将得到大力支持。

“外循环”中也有一个重要要求——提升中国对全球经济结构的变革能力。中国在新型能源产业的出口方面，尤其是光伏发电和新能源汽车领域的占比逐年上升。其产业链、供应链、技术水平都已经处于领先地位。如今，中国的新能源产业获得了国际客

户的全面认可，一些国家已经降低了双面光伏组件的关税。中国新能源产业的发展和规划，无疑为“外循环”的顺畅加上了重重的砝码。

在“十四五”时期，任何企业都应该清楚，即使我国的外贸出口在特殊时期受到影响，但对外开放的思想不会动摇，维持经济稳定增长的信心同样不可动摇。

二、“十四五”时期的投资方向

“十四五”规划及“双循环”的落地过程，大致包括以下几个方面：

第一，“坚持扩大内需这个战略基点”，重点在于新基建、新型城镇化建设以及交通水利等重大工程建设；通过稳定居民就业、收入等政策让居民愿意消费、敢消费；改善消费结构、提高消费质量、多元化消费场景，多方位促进消费升级。

第二，“提升产业链、供应链的稳定性和竞争力”，在高端技术上中国与国际的差距不小，例如芯片、汽车发动机、手机电脑的操作系统等。另外，“巩固农业基础地位”预示未来几年粮食的供给能力还要持续加大。

第三，扩大内需的同时，外需市场也不会放弃，国内产业链、供应链的升级会提高中国全球市场份额的占比，此外会加大国内市场的开放力度、稳步推进人民币国际化。

从“双循环”的发力点来看，企业要想把握住“十四五”时期双循环战略下的投资机遇，应着眼于消费和科技两大重点板块：

首先，消费板块。以内循环为主体，需要充分释放我国的消费市场潜力，激发出消费市场活力以及完成消费升级。例如海南自由贸易港的部署，不仅是为了吸引国外游客旅游消费，更多的是希望吸引消费回流。得益于以“内循环”为主体的经济发展模式，消费板块前景看好。

其次，科技板块。中国科技近些年已经取得长足进步，在一些领域已经领先国际，但整体水平还不够高。未来，科技依旧是中国经济向前发展的长期驱动力，更是需要重点发力的方向。科技板块在资本市场早已经产生了反应，相关的科技上市企业整体估值都相对较高。

放眼国内市场，主要有六大投资方向：

第一，消费内循环带动国潮、免税、电商、游戏等线上线下消费成为受益板块。

第二，产业升级和着力打造高端制造业，将使军工、新能源、人工智能等成为受益板块。

第三，创新科技升级。过去需要进口的芯片、生物医药、互联网应用技术等将成为受益板块。

第四，国内投资循环。传统基建领域以及新基建领域等将成为受益板块。

第五，加强社会服务业发展。医疗、教育、养老、物流快递等将成为受益板块。

第六，金融与实体经济实现循环，包括保险等行业都将受益。

投资机遇可遇不可求，我们需要做的就是顺势而为。接下来，我们将逐一解读上述六大投资方向。

3.2 消费：不断提升消费的品质需求

消费是加速“十四五”规划落地和“双循环”新格局中关键的一环。2020年受新冠肺炎疫情影响，国内市场消费整体表现低迷。2021年“内循环”要通畅，增强消费欲望、促进消费信心、打通消费堵点，让消费为经济发展贡献基础性作用至关重要。可以说，“内循环”为外贸企业面向国内市场，挖掘新的经济增长点，打造品牌影响力提供了绝佳的时机。

一、找到消费内循环的堵点

事实上，新冠肺炎疫情前，中国的消费增速下行已经显现，主要原因在于消费的堵点一直没有打通。

第一，消费政策体系不完善。

目前国内的监管体制没有完全适应消费新业态、新模式的迅速发展，质量和标准体系仍滞后于消费提质扩容需要，信用体系和消费者权益保护机制还未能有效发挥作用，消费政策体系尚难以有效支撑居民消费能力提升和预期改善。

第二，高端产品和服务供给不足。

这是我国消费市场长期存在的问题，高端产品和服务的供给不足，一方面限制了消费者的消费升级，另一方面造成国内资金外流。

第三，消费市场潜力未被挖掘。

三四线城市加上农村地区等下沉市场消费潜力巨大，并且近些年已经成为提升消费的主要阵地，但农村与城市物流配送方面差距较大等问题普遍存在，限制了消费潜力的挖掘。

另外，消费能力取决于收入和消费意识。因此，提高居民收入水平，减轻居民住房、医疗、教育等后顾之忧，才能从根本上释放消费潜力。

二、外贸企业如何打响营销战

当下的消费者品牌意识已经很强烈，这就对外贸企业的品牌营销提出了更高的要求。在政策、平台环境利好的情况下，外贸企业拥有了施展营销、塑造品牌的绝佳机会。

近些年，国内消费者通过寻找代购或免税店等渠道获取国外品牌商品，造成大量国内消费外流。这反映了部分消费者对国内品牌的品质、安全性等还存在顾虑。外贸企业的产品质量往往是自身的最大优势，并且其比国内企业更了解产品的国际标准，这无疑是外贸企业在国内进行产品品牌营销的亮点——把打造高品质产品和服务作为核心营销要素，尽可能地满足对产品质量近乎苛求的消费者群体的需求。

此外，放眼三四线及以下城市甚至村镇，尽早在这些潜力巨大的消费市场布局。未来，这些市场的消费人群还将有望成为帮助企业品牌营销升级的主力军；随着交通、物流、快递、线上线下消费平台的愈加完善，企业营销渠道的效率也将大大提升。

除了一部分不认同国内自主品牌的消费者，还有一部分消费者逐渐兴起对国内自主品牌的热捧，这其中以年轻人居多。针对这一现象，相关产业品牌营销应该贴近这一消费群体，让产品、包装、店铺设计元素更加落地、潮流化，引起他们的追捧，将品牌自传播属性发挥到极致。

结合以上内容，外贸企业转型国内市场可以重点关注以下四个方面。

第一，国潮。

近几年，一些国产自主品牌潮流化发展迅猛，并且受到越来越多国内消费者的青睐。在"内循环"之下，国产替代进口成了产业升级的新方向。并且，无论是生产端，还是消费端，都将是新的趋势。自主品牌潮流化是引导国内消费者参与消费内循环的基础方向之一。另外，国产自主品牌的"国潮"风是对中国文化的认同。

以汽车市场为例，之前的比亚迪汽车唐宋元明清系列产品，市场反馈尚可；近两年以蔚来、领克等新能源汽车品牌为代表的国产中高端汽车形象逐渐深入人心，他们的成功彰显了随着中国科技潮流的发展，中国科技制造也可以成为行业领导者。随着中国企业品牌的强化需求越来越迫切，更多资源的投入也必将催生出更多的优质国货。国潮品牌的兴起，对于搭建更长久的盈利模式、形成自主品牌效应都是一个契机。

第二，免税。

免税行业不止是为了吸引国外游客消费而存在，也是国家引导国人外流消费向国内转移的措施。新冠肺炎疫情前很长一段时间，我国消费者在出境游、海外代购（尤以奢侈品为主）等消费领域花费巨大，大量消费资金流向海外，因此，我国的旅游贸易长期处于贸易逆差，疫情后这种情况有所缓解。

海南自由贸易港方案的提出，一方面是为了拉动海南地区的旅游经济；另一方面，随着离岛免税业态的不断放开，未来海南将在旅游、贸易、金融、服务等领域承担起引导国人海外消费回流的重任。外贸企业在免税产业的布局中也是大有可为的。

第三，电商。

我们知道，电商早已成为国民消费的主力平台。而当下的电商又分为两种：传统平台电商和社交电商。

社交电商本质上是借助移动互联网发展趋势，将传统线下经营模式与传统电商模式，转移到以数据为驱动、以消费者为中心、线上线下一体化营销的新型经济模式。

与传统电商相比，社交电商具备几大优势，比如运营效率高，推广更为即时，功能更齐全。社交电商没有传统电商的痛点，却保持着传统电商的诸多优点，且更靠近客户。其营销上的多种社交玩法，可以满足不同企业的需求。

电商的未来还可能在广大的农村地区打开新局面。2020 年中央一号文件明确地提出，"有效开发农村市场，扩大电子商务进农村覆盖面，支持供销合作社、邮政快递企业等延伸乡村物流服务网络，加强村级电商服务站点建设，推动农产品进城、工业品下乡双向流通”。

第四，游戏。

2021 年 4 月，中国音数协游戏工委与中国游戏产业研究院共同发布了《2021 年度第一季度中国游戏产业报告》，数据显示：2021 年第一季度，中国游戏市场实际销售收入 770. 35 亿元，环比增长 9%；中国游戏厂商积极布局海外市场，中国自主研发游戏海外市场实际销售收入达 40. 64 亿美元，环比增长 1. 97%。这是在疫情尚未完全解除下，在其他行业领域很难实现的销售与用户增长。

3.3 制造：高端制造产业升级，加速 ROE 提升

前文提到，新冠肺炎疫情和贸易保护主义的抬头，给中国制造业出口造成了重重危机和逆势。2020 年 3 月，中国社会科学院学部委员余永定在一次采访中讲道，“到目前为止，新冠肺炎对中国经济的主要冲击是人流、物流、资金流中断导致的生产活动停顿。从宏观经济学角度来看，中国遭受的主要是供给面冲击，在目前阶段我们的工作重心还不是刺激有效需求，而是帮助企业，特别是中小企业恢复正常营运”。

“十四五”规划中的一个重要要求就是，完善国内产业结构调整，让中国制造业腾飞，成为制造业强国。

一、在“十四五”时期不断夯实制造业的产业链

2020 年，全球经济受到新冠肺炎疫情严重冲击的情况下，中国在第二季度就实现了 3.2%的正增长，在全球经济舞台上几乎是一枝独秀。这得益于我国完整的产业链，尤其以制造业产业链为主，这也是我国经济的核心竞争力。因此，“十四五”时期制造业

产业链的不断夯实尤为重要。

如今，很多企业想要寻求数字化转型升级，却面临着高端科技人才匮乏、融资能力不足以及自身的管理体制不规范等问题，随着“十四五”规划等国家政策的扶持，加之吸取国内外企业先进科技经验和高层次人才储备，这些问题将逐步解决。制造企业的数字化转型升级是夯实制造业产业链的核心之一。

二、抓住高端制造业产业升级的大机遇

面对低端制造业严重外流以及一些合资、代工高端制造业回归欧美的现状，中国要填补这部分流失产业的空缺和价值，完成产业升级势在必行。数字化智能制造是达到提升产品品质、降低人力成本、提升 ROE（净资产收益率）等的关键手段，将助力整个产业升级的高质量提速，是使制造业走向高端的“神兵利器”。

具体来说，中国高端制造产业升级加速 ROE 提升的主要领域如下。

第一，军工产业。

在众多因素影响之下，过去整体成长平稳，如今受到市场追捧的军工产业，成为最强升级产业之一。

“十四五”规划中强调“加快国防和军队现代化，实现富国和强军相统一”。面对全球新局势，我国的新型战机、导弹等武器装备有望放量增长。

军工产业与民用产业最大的区别就是，计划性强，带有抗周期属性，不易受到经济环境的影响。

如今国防系统在供给端基本实现了国产化，在元器件、新型材

料等方面都取得了巨大的进步，在需求端，军工产业同样不会受到国际经济的影响，稳定性远超其他行业。

第二，工业机器人。

数字化智能制造的标志设备就是工业机器人。工业机器人技术能够通过计算机编程达到机器仿人操作，且实现自动化控制，完成各种生产作业。对于产品批量生产、产品质量与生产效率等提升都有巨大作用。

近年来，自动化技术和工业机器人技术的发展越来越迅速，工业机器人在市场上的需求与日俱增。例如汽车工业，是目前全球工业机器人应用最为广泛，标准、成熟度最高的产业。

如今，随着人工智能技术的发展，很多行业都引入了自动化工业机器人，如食品、化工制造等领域，使用密度逐年递增。

据 IFR 数据统计，2017 年我国工业机器人的密度已经达到 97 台/万人，超过了全球平均水平；2019 年我国工业机器人市场规模达到 57.3 亿美元。在“双循环”战略下，新基建政策的推行将为工业机器人行业带来新的契机。中商产业研究院预测，2025 年我国工业机器人市场规模将达 100.7 亿美元。

第三，新能源。

在新能源中的汽车领域，中国市场销量已经连续五年居世界第一位。当然，庞大的新能源汽车市场的形成离不开政策的鼎力扶持，也离不开资本以及技术人员向新能源汽车领域的汇聚。以 2018 年为例，当年全球新能源汽车销量超过 201 万辆，中国新能源汽车产量销量均突破 120 万辆，产销增速在全球范围内持续保持领先地位。据预测，到 2040 年，新能源汽车将占全球轻型车销量的55%，达到6000万辆，其中，中国将占有50%的市场份额。

另外，中国的锂电池等产品生产规模也已经处于国际前列。彭博新能源财经的预测指出，锂电池制造孕育着巨大的商机。目前，中国已经占领了这个市场，2018年占全球产能的59%。2021年，这一比例将攀升至73%。

没有国内国际双循环的相互促进，新能源汽车之路很难走通。新能源汽车是一个烧钱的行业，需要资本和技术的双重加持。例如在纽交所上市的理想、蔚来、小鹏，是看重了美国股市的成熟机制以及进入美国市场的切入口。而美国的特斯拉企业在中国大举投资设立生产线，不仅获得了中国本地银行的贷款支持，还可以降低成本，巩固本就牢固的中国市场地位。

中国的市场和需求都拥有无限的潜力。在“十四五”规划的加持下，一些精细领域的高端装备制造企业，将迎来全新的机遇。希望这种趋势能“燃遍”全产业链，助力中国制造产业的高端进化之路。

3.4　科技：补短板，点燃创新爆发力

在高科技产业高度集中于发达国家且基本形成垄断格局的情况下，我国要从根源上破解产业链发展的僵局，必须通过科技创新进行突破，从而整体提升经济循环效率。

近年来我国日渐加深与国际组织间的科技合作，如航空航天和第四代核电等技术领域已经触及海外，为科学技术在国际舞台的战略性布局以及融入国际科技循环开创了历史性意义的先河。但我国与发达国家在科技实力上的整体差距还是很大，因此在国际产业链中依然存在被取代或被打压的风险。

一、以科技创新为着力点，推动经济向高质量发展

形成“十四五”时期新发展格局，离不开科技自主创新的强力驱动。我国无论是打造完整产业链还是鼓励科技创新，根本目的一是促进经济高效循环发展，经济体系稳健运行；二是将国家建设成科技创新强国，将经济发展的命脉牢牢掌握在自己手中。

第一，打造产业链和供应链环境。

打造安全可靠的产业链和供应链环境，铺平产业科技创新的道路。在前沿技术、颠覆性技术等方面，攻克重点领域科技难关。

类似新基建等发展机遇要抓紧抓牢，新技术的实际应用和产业化也要紧密推动。积极培育国内应用市场，为未来产业新技术和产品的示范应用搭建好平台和受众基础。政策资金上向自主可控创新技术和产品大力倾斜，例如，“定制”优惠政策、相关企业补贴，首先将创新技术应用于金融、交通等领域，再加以推广。

第二，构建创新链。

构建自主可控的创新链，对国内市场的技术需求予以满足。例如，党的十八届五中全会公报指出：“深入实施创新驱动发展战略，发挥科技创新在全面创新中的引领作用，实施一批国家重大科技项目，在重大创新领域组建一批国家实验室，积极提出并牵头组织国际大科学计划和大科学工程。”另外，在整合推动研发设计等资源基础上，打造升级科技型企业工程；构建完善、自主可控的创新链，并促进创新链与产业链的深度融合。

第三，聚焦多重资源。

聚焦国内外多重创新资源，加足马力在全球科技链条中布局。合理利用国内外两个市场的资源，高度参与国际科技合作，将国际高端创新技术引入国内。在创新国际交流上，努力对接海外知名院校、高科技企业、国际组织，建立跨国研发中心等，引入国际创新科技成果。努力打造国际科技产业创新中心、技术转移中心。最终，借助内外部整合资源建立自主创新体系，让开放创新之路越走越宽。

二、我国云计算和半导体行业的发展现状

2020年的新冠肺炎疫情暴露了我国产业链和供应链的短板——部分关键零部件的进口依赖度过大，部分产业链和供应链的可替代性较强，掌控力较弱。

应对这种境遇，要构建“点—线—面”阶段性辐射平台，先对关键领域中的“点”做出突破，重点攻关关键领域难题；再解决产业链上下游之间联系的难题，疏导“线”的畅通；最终完成构建以市场化为主导的完善产业链体系三步走。

数字化智能生态的兴起是产业创新发展的新方向，国内的云计算、大数据、AI技术等已经广泛应用于各个创新领域，并且在全球市场占比持续增长。而半导体是当下数字化智能技术研发、应用和发展的硬件核心。

第一，云计算。

在新基建的政策布局之下，无论是政府机构面向社会的数字化办公和服务，还是传统企业寻求数字化转型以及深度发展互联网经济等，都需要云计算技术的全面支撑。

云计算中的“云”是一种提供整合计算资源的网络，“云”上的资源可以随时按需求量提供给使用者，资源几乎可以无限扩展，按使用量计费，且价格较为低廉。

过去云计算的应用主要在互联网企业，而未来的云计算将渗入中国经济发展的多个领域。并且，云计算天然具备的降本增效等属性与“十四五”规划的战略意义不谋而合。

中国的云计算从2007年起步，至2010年市场逐渐被激活，经

过近些年的持续发展，在国内已经逐渐形成较为成熟的环境并走向海外市场。

随着“一带一路”倡议的兴起，中国的云计算企业也纷纷乘着东风进军海外市场，阿里云、腾讯云等云计算服务商都已在相关国家建设数据中心、布局海外市场，并为国内的互联网、金融、外贸等企业出国发展提供全球化的云服务支持。

第二，半导体。

2021 年 4 月 14 日，SEMI 在《全球半导体设备市场统计报告》中指出，全球半导体制造设备销售额从 2019 年的 598 亿美元猛增了 19%，达到 2020 年 712 亿美元的历史新高。而中国大陆首次成为全球最大的半导体设备市场，销售额增长 39%，达到 187.2 亿美元。

中国半导体是“卡脖子”产业，为了摆脱对国外设备的依赖，我国一直在大力推进半导体设备自主研发，并且提前采购大量零组件，这也成为推动中国大陆半导体设备销售额夺冠的主要因素。

在半导体产业链中存在三大核心环节。

（1）芯片设计

芯片制造的过程就像用乐高积木搭建房子，而芯片设计就是搭建房子的图纸。目前，芯片设计已经成为国内半导体产业中最欣欣向荣的领域之一。

（2）晶圆制造

晶圆制造就是根据设计出的电路图，通过多种不同工艺流程在半导体晶圆基板上形成元器件和互连线，最终输出满足功能及性能实现的晶圆片。

（3）封装测试

封装测试就是把已经制造完成的半导体元件进行结构及电气功能的确认，以保证半导体元件符合系统需求的过程。封装测试产业的发展对国内整个半导体产业的扩大规模起到了显著的推动作用。

3.5 投资:“两新一重”，扩大内需

“两新”指的是新基建和新型城镇化；“一重”指的是重大工程。其中，新基建是支撑实体经济高质量发展的基础保障和全新动能；新型城镇化建设是为了改善民生，解决人民群众后顾之忧，提高居民收入，为消费市场储备“后劲”；重大工程建设的目的在于保障民生需求，并且能够促进就业、引入投资。可以说，“两新一重”是“十四五”规划落地的重要保障。

一、新基建

新基建不同于过去铁路、公路等老基建，新基建是“以新发展理念为引领，以技术创新为驱动，以信息网络为基础，面向高质量发展需要，提供数字转型、智能升级、融合创新等服务的基础设施体系”。

新基建也可以解读为数字化基础建设，并且新基建对于互联网、大数据、云计算、人工智能等数字技术的深度应用，会潜移默化地影响、助力传统企业数字化转型升级。另外，新基建的另

一重属性强调推动消费升级，比如信息消费等。

工信部表示，将按照适度超前的原则，持续深化5G网络建设部署，2021年计划新建5G基站60万个，在实现地级以上城市深度覆盖的基础上，加速向有条件的县镇延伸。

单纯从投资角度讲，新基建带来的是40万亿元的巨大机遇。面对如此巨大的投资机遇，腾讯、阿里巴巴、华为等国内科技企业巨头纷纷下场，以提升各自在未来的核心竞争力。2020年4月，阿里云宣布：未来3年再投入2000亿元，用于云操作系统、服务器、芯片、网络等重大核心技术研发攻坚和面向未来的数据中心建设。同年5月，腾讯宣布：腾讯未来五年将投入5000亿元，用于新基建的进一步布局。

新基建的目标是建设一流的信息基础、融合基础、创新基础设施，进而大幅提升产业和经济效率，完成技术产业转型升级，最终实现产业和经济的长效高质量发展。在新冠肺炎疫情对经济的冲击和世界变局下，新基建的意义更加重大，被赋予了稳增长、调结构、补短板、助创新等多重使命。并且，新基建更为深远的影响在于对中国未来整体科技、产业创新的引领作用。

二、新型城镇化

国务院《关于深入推进新型城镇化建设的若干意见》指出，新型城镇化是现代化的必由之路，是最大的内需潜力所在，是经济发展的重要动力，也是一项重要的民生工程，要总结推广各地区行之有效的经验，深入推进新型城镇化建设，充分释放新型城镇化蕴藏的巨大内需潜力，为经济持续健康发展提供持久强劲动力。

新型城镇化包括教育、养老托育、文旅体育、社会福利和社区综合服务等公共服务设施方面的建设。扩大内需和经济高质量发展离不开新型城镇化的底层支撑和强势赋能。

新型城镇化除了推进农村人口城镇化，还能推动产业等方面实现多位一体城镇化。目前，限制我国新型城镇化的因素还有不少，例如中小城市、村镇社会基础设施薄弱，公共服务不均和水平不高等。国家发改委数据显示，2019 年县城人均市政公用设施固定资产投资仅相当于地级及以上城市城区的 1/2；2019 年县城居民人均消费支出仅相当于地级及以上城市城区居民的 2/3。

中国社会科学院人口与劳动经济研究所副研究员蔡翼飞分析，“差距就是潜力，弱项就是需求。初步估算，补齐这些短板至少能释放出超过 2 万亿元的投资潜力”。

除此之外，新型城镇化在振兴乡镇、缓解大城市病、补齐新冠肺炎疫情暴露出的一些短板弱项等方面同样起着关键作用。

三、重大工程

重大工程主要指交通、水利、能源、电力等重大工程建设，属于传统基础设施建设。重大工程建设对于拉动投资、驱动产业、稳定经济增长等都起到巨大推动作用。

我国的铁路、公路、水利设施等传统基础设施建设虽日渐完善，但城乡、地区间的建设水平差异巨大，发展不够均衡的问题依旧突出。因此，未来重大工程投资空间仍较广阔。并且虽然新基建政策大幅加码，但整体规模较小，目前稳增长、扩内需仍主要依赖传统基建。从多个省份、直辖市发布的重大工程项目规划中发现，重大工程建设在规模上相较于新基建还是占据绝对优势。以上海为例，2020 年上海市重大建设项目清单公布的正式项目中，有 57 个是传统基础设施建设，42 个是科技项目。

从传统基建和新基建的关系来看，新基建能够为传统基建升级提供新动能；传统基建的升级又可以为新基建提供更多的应用机会。二者相辅相成，且未来必将深度融合，共同助力我国经济高质量发展。

无论是面对新冠肺炎疫情，还是全球形势新局面，“两新一重”建设都是中国经济高质量提速发展的重要着力点。“十四五”规划中的产业链、经济链等的畅通更需要“两新一重”来疏导和保障。

3.6 服务：提升第三产业的服务品质

服务业对于稳定经济增长、促进就业、撬动经济转型具有重大意义。面临日益高涨且迫切的各项社会服务需求，很多企业还没有做好准备去承接，因此，服务业企业的转型升级也是当务之急。服务业的发展有三个方向。

第一，服务业与制造业相互融合，助力生产性服务业迅速发展。

生产性服务业是直接或间接为生产过程提供服务和保障的行业，涉及交通运输、现代物流、金融服务、信息服务和商务服务等方面。

我国生产性服务业近年来的发展保持了较快增长态势，GDP占比逐年上升。“十四五”新格局下，生产性服务业的发展，将聚焦电子商务和现代物流等发展领域。

第二，人民收入水平的提高不断刺激新的消费需求，推动生活性服务业迅速发展。

生活性服务业主要包括餐饮业、住宿业、家政服务业、洗染业、美发美容业、沐浴业、人像摄影业、维修服务业和再生资源回收业等服务业态。其范围非常广泛，是直接关系到人民群众切身利益与生活质量的民生基础产业。

随着我国居民收入水平及消费意识的提高，生活性服务业的消费占比不断提高，消费需求转型的趋势也十分明显。并且随着信息化发展而来的如外卖等网络消费形式，对于城乡居民的消费选择影响巨大，新冠肺炎疫情更加剧了这种影响。未来，生活性服务业将呈现更高品质、更加规范化和多样性特征。

第三，科技的进步催生了更多服务新业态。

科技的进步，尤其信息化、数字化技术的进步催生了更多服务新业态。如新物流、线上教学、远程会议、医疗等新业态的市场需求十分巨大，并且这些服务领域的新业态，还会融入金融、商业、公共服务等传统服务业，进而推动整体服务业发展。

未来，我国服务业的开放程度必将更大，我们可以重点关注以下几个领域。

一、医疗业

党的十九大报告指出，中国社会的主要矛盾已经变为人民日益增长的美好生活需要和不平衡不充分的发展之间的矛盾。而医疗领域就是这些矛盾点之中的一个重点。

2020 年 9 月 16 日出版的《求是》杂志中，习近平主席发表的《构建起强大的公共卫生体系，为维护人民健康提供有力保障》指出，"要发挥科技在重大疫情防控中的支撑作用。生命安全和生物安全领域的重大科技成果是国之重器，一定要掌握在自己手中。要加大卫生健康领域科技投入，发挥新型举国体制的优势，集中力量开展核心技术攻关，持续加大重大疫病防治经费投入，加快补齐我国在生命科学、生物技术、医药卫生、医疗设备等领域的短板。”

因此，生物医药、医疗服务、数字医疗、高端医疗设备、大健康养老产业等将是未来医疗领域发展的几个主要着力点。例如，预防检测、分级诊疗的加强；高端医疗设备国产化；远程医疗使用的加速等。

二、物流业

2018 年至 2020 年，中国物流行业年均融资 500 余亿元，规模越来越大，侧面反映了我国物流行业与资本的融合越来越紧密。

在“十四五”时期，物流业的发展还将迎来更多的“黄金”机遇。

第一，新赛道将吸引更多资本目光。

全球管理咨询公司麦肯锡在解析中国公路货运市场的研究报告中指出，2019 年我国公路货运市场规模居世界第一，总规模约 5.5 万亿元人民币。中国物流与采购联合会公路货运分会在发布的《2021 年中国公路货运行业分析报告》中指出，到 2020 年 2 月，中国公路建设投资完成 1071 亿元，虽然受新冠肺炎疫情的影响，我国的公路货运市场受到一定冲击，但随着情势好转及“十四五”时期国家政策保驾护航，快递行业市场明显回暖。其中快递（货物单票重量小于 30kg）行业的规模近 5000 亿元，而零担（货物单票重量为 30kg－3T）市场规模高达 1.25 万亿元，是快递行业的 2.5 倍。零担市场万亿级别的规模，必定吸引更多资本的目光。另外，随着无人驾驶、新能源货车等技术的发展和成熟，快递行业的市场竞争态势势必加剧。

第二，加速国内快递行业整合。

伴随电商的发展，快递行业已经将传统物流与互联网购物深度融合。《中国快递行业发展研究报告（2019—2020年）》指出：中国快递行业高质量发展特征明显，转型升级持续加速，产业发展的内涵和外延不断变化，特别是客户主体和需求不断扩展，科技创新与应用日益广泛，正深刻改变着行业运营方式。中国快递行业的头部企业包括邮政、顺丰、三通一达和百世。这些企业快递量市场占比合计超过80%。竞争激烈，促使市场集中度持续提高，加速快递行业整合。

第三，新的商业模式。

智慧物流是指通过智能软硬件、物联网、大数据等智慧化技术手段，提升物流运作效率的现代化物流模式。智慧物流在国内的推进，衍生出一些以AMR和AGV机器人为代表的物流科技企业。

此外，跨境电商带动了国际物流产业链，其中，轻商业模式如信息匹配、交易结算等；重商业模式如海外仓储、跨境物流等。

三、旅游业

2021年初，中国旅游研究院发布了《中国旅游经济蓝皮书（No. 13）》，其中《2020年旅游经济运行分析与2021年发展预测》指出，2021年中国的旅游经济将伴随着智慧旅游新业态和大众旅游新需求不断推进产业迭代和服务升级，预计2021年国内旅游人数将达到41亿人次。虽然距新冠肺炎疫情前国内市场情况或仍有差距，但当下，我国旅游业背靠“十四五”时期的市场需求做文章，加之借力国内外双循环战略，旅游业必将走出困境。

第一，从结构上看。

（1）将国内市场作为一个整体。在制度优势下，借助国家、地方旅游业政策，振奋国内需求市场。

（2）在省市县区域间形成循环，统一组织、调度、协调各方资源；另外，区域与区域间形成更大的循环，互通有无，资源共享，促使其良性发展。

（3）国内外旅游业的合作。疫情下的旅游业困局是全球普遍存在的。因此，针对国内局势稳定、内需巨大等优势，可以吸引国外资本、大型国际旅行集团投资国内旅游业；另外，国内旅游企业集团也可以参与到国外旅游业的投资中，利用自身经验带动国内外旅游业相互促进发展。

第二，从体系来看。

（1）全面优化、完善整个旅游产业链以及每一个环节，发挥优势，补齐短板，使产业链高质量有序运转。

（2）打造高端多层次旅游产品链。如利用多元的中国文化植入等方式丰富产品结构，实现多层次开发。调整思路，针对疫情前后不同时期的游客的需求变化，推进旅游产品变革。不同区域间产品差异化，避免同质化恶意竞争。

（3）改变旅游营销链过去一盘散沙的格局，放下“小我”，成全“大局”。国内外整体旅游业的复苏和振兴，对于产业链条上的每一点都有着积极的促进作用。

第4章 内外兼修：“十四五”时期企业转型升级策略

- 对企业而言，“十四五”时期有不同的挑战和机遇。挑战来自两方面：一是国际市场的需求不断下降，造成了过去以出口外贸为主的企业逐步转为内销或转换跑道；二是那些原本以国内市场为主的企业，由于出口外贸企业的纷纷“回巢”，其面临的竞争会愈加激烈。
- 接下来，如果全球货物贸易、全球直接投资进一步萎缩，那么，全球产业链、价值链、供应链的形态、格局都将会被颠覆，想要生存下去的企业该如何适应？

4.1 “十四五”时期外贸企业的困局

基于疫情影响以及保护主义的抬头，一些外贸企业的出口规模急剧下降，大批订单的取消造成货物积存，产能被压缩，经营成本和压力骤增。生死存亡之际，转型内销似乎是这些企业生存下去唯一的选择，但一些客观制约因素必定导致转型的不适应，如中外产品的差异性，销售渠道转移，市场推广、开拓的资金压力等。

因此，面对种种困境和不适，快速明确、提升自身的市场竞争力是外贸企业在转型过程中的关键。在此基础上，打造品牌优势，线上线下多渠道拓展业务。

一、我国外贸经济环境的改变

改革开放 40 多年，中国经济的发展格局也在不停演变。从改革开放初期以深圳和部分沿海地区城市为试验基地的出口导向型经济模式，而后逐步融入更大规模的国际经济大循环中。尤其是中国在 2001 年加入 WTO 后的几年时间里，迅速站在了全球制造业舞台的中心。

2008年全球金融危机的爆发导致出口导向型发展战略的有利条件逐步丧失。同时，过去推动国内经济增长的人口红利衰退，劳动成本快速上升以及其他主要经济体的经济持续低迷引发的进口需求减弱、保护主义加剧下的全球化进程放慢，长久支撑中国经济发展的出口导向型经济战略面临调整。

在经济战略层面的调整下，中国的对外贸易依存度在2019年已经下降到了31.85%。但是同期，中国对外贸易依存度数值仍然高于其他发达国家，如美国是19.32%。

目前中国对电子、机械等高精密元器件以及石油、天然气、矿产等能源进口依赖度依旧较高。虽然中国具备最完善的工业体系，但高精尖产品的输出供给能力却相对较弱，处于全球产业链的中下游。

核心技术的不足和依赖进口会导致一旦中国与国际市场割裂，双循环中的内外循环也都将无以为继。因此，自由港建设、“一带一路”等措施都是在为“外循环”充能。

由联合国发布的《2020年世界经济形势与展望年中报告》显示，受疫情影响，2020年全球经济预计萎缩3.2%，其中发达国家经济将萎缩5%。2020年世界贸易将收缩近15%。目前来看，疫情对全球经济的冲击，不仅在短期内影响巨大，在全球各领域产业链、供应链的重构以及各国家对于国际贸易的依赖程度上都具有更为深远的结构性影响。并且，这种影响会强化近些年出现的逆全球化态势，其态势甚至在疫情结束后也不会随之消失。

“十四五”时期，“双循环”发展战略的提出，正是中国面对当前国际经济形势的变化和挑战做出的最优选择。回首过去几年，从供给侧结构性改革，到"双循环"的提出，都是为了应对现在以及未来各种国内、国际经济形势下的困难和挑战。

二、外贸企业转型面临的困局

在"十四五"时期，随着"双循环"发展格局的构建，一大批外贸企业转型升级势在必行。但据新华社相关调研发现，一些外贸企业想当然认为国内市场需求巨大，纷纷外销转内销，却普遍存在不适应等诸多问题。

第一，内销渠道不通。

出口转内销的第一重障碍是渠道问题。外贸企业通常以出口为主，国内的线下业务渠道和客户相对较少，对国内的各大线上销售平台运营模式也要重新适应和学习。国外与国内的渠道拓展和运营存在差异性。

以电商平台为例。首先，国内电商与跨境电商的运营环境不同，各国人群的消费观念不同，每个国家的节日也不同，针对特定的商品，企业要深入了解一个国家的文化；其次，运营的侧重点不同，国内电商培养一个业务熟练的运营专员往往需要花费很大精力，而跨境电商运营人员基本只需要用ERP软件辅助完成即可，中间省去了一些不必要的环节，即使是新手也可以有不错的销量；最后，平台机制与规则不同，跨境电商与国内电商最大的区别就是"重产品，轻店铺"，而且没有店铺、销量排名，每一家商户的商品都有一定的曝光度，商家不用担心面临高额的广告费用。

第二，不是所有外贸产品都适合转内销。

很多外贸产品与国内产品的标准存在差异，定位、价格也有不同，且在国内市场不具备优势。

我们一直强调，外企转战国内能够有效地帮助企业舒缓压力，渡过疫情下外贸锐减带来的难关，更重要的是能够合理优化产业结构，开拓增长空间，有无限的发展潜力。但并不是所有的企业都适合转向内销。

第三，企业资金压力及运营成本较大。

出口转内销，外贸企业还要面临资金的压力。与国外相比，国内客户存在压款的情况较多，货款拖欠情况频发，加之外销产品在国内市场的认知度不足，可能出现资金链断裂、产品积压和滞销、线上线下高额的营销运营成本等负担，风险较大。

第四，多数企业缺乏自主知识产权、自主品牌。

多数外贸企业缺少品牌知名度和认知度，多以代工为主，往往产品品质高却缺乏品牌效应；加之代工生产很难获得技术核心、知识产权，不被授权的情况下生产产品很容易侵权被告上法庭。因而这些企业在开拓国内市场时困难很大。

4.2 策略1：积极拥抱国内市场

一、外贸企业应对国内市场有清醒的认知与理解

2021年，越来越多的外贸企业选择积极拥抱国内市场。但在外贸转向内销的过程中，很多外贸企业没有清晰的思路和方法，虽然投入很大却损失惨重。

目前，中国已经是世界大工厂，为全球持续提供家纺、服装、电器、玩具等轻工业品和日用品，市场饱和度很高。想要在这被瓜分干净的市场中再分得一杯羹，新进企业必须对国内形势和自身状况有正确的判断。

第一，即便外贸市场情况好转，国内市场也并非可有可无。

很多外贸企业转内销抱有很大的投机心理，因外贸走势不好才关注国内市场，有的甚至还请了专业的经理人帮忙打理企业。然而，一旦有大量外贸订单，就会马上转而投入外贸市场，以保证准时交货，导致内销工作停滞。

这种现象不只存在于小企业，也存在于大企业，这种只把眼前

利益作为企业发展的评判标准，有失偏颇，也是内销转型失败的原因所在。

山西一家纺织服装企业面临转型问题，我和该企业领导多次讨论，与中层、基层深度沟通，梳理企业的运营模式和业务流程，使内销与外销和谐发展，互补而不冲突，避免发生一边倒现象。企业有序地进行变革，在2020年因疫情影响，整体行业内销不景气的情况下，该企业仍旧获得37%的增长。其实，内销与外销的本质并无冲突，外贸企业能否转型成功或者双驱发展的关键是能不能、敢不敢坚持去做。

第二，外贸企业转型最大的负担是对原有路径的依赖。

很多外贸老板盯着财务报表唉声叹气，面对不断攀升的广告费、运营费和不理想的产品销量愁眉不展。我们理解企业转型的艰难，就像是一个口味喜甜的人，让他突然吃辣一样而无所适从。

我曾协助一家辽宁家纺企业进军国内市场，该企业规模较小、资金匮乏，无法投入大量广告和招商促进销售，更没有足够的人力资源助推全国市场。既然无法迅速成长，就要稳扎稳打地从周边做起，招募具有潜力的业务员，开始有效的培训和督导，对周边县镇做地毯式走访，反复与各专卖店老板商谈。这种看似笨拙的方法集中在一起便形成了巨大的力量，在2020年行业不景气的情况下，该企业招募了近百家加盟商，与其中50%以上的商家成功合作，回款高达2000万元，甚至一度出现供不应求的情况。

第三，扪心自问：企业的产品有竞争力吗？

如今产品间存在的一大问题就是同质化严重。有的产品是企业精心打造的，符合欧美等发达国家的需求，但在中国却屡屡碰壁。出现这种情况的原因在于国内市场有自己的特征和规律，如果不按照规律生产产品，就无法满足人们的需求。

例如，广州一家纺织名企，主营业务是为欧美提供有机生态棉和环保服装，后期想要发展国内市场，制定了很多方案，但效果甚微。后来发现，最初设计的产品是以西方人的身材为样板，尤其是女性胯部较宽，所以服装比较宽松，但这不符合身材娇小的中国女性，因此想要改变现状就得从根本上调整生产线。

浙江有一家非常有名的农产品出口企业，希望用出口销量好的菜心打开国内市场，几年来共计投入几千万元，但却血本无归。菜心还是那个菜心，为什么结果如此不同呢？这是因为这家外贸企业缺少对国内市场竞争和渠道资源的了解。也许进行广告宣传，或做做活动和促销，就能被大众迅速认知，销量也会随之提高。

二、外贸企业如何拥抱国内市场

发力国内市场，非一蹴而就。外贸企业面临的挑战有很多，有的企业尝试后就马上放弃了。造成这种转型失败的原因大多是不了解国内市场的真实需求，品牌知名度低，销售渠道陌生等。

第一，洞察国内市场需求。

总结服务国际市场的先进经验，洞悉国内市场需求，积极融合新技术，用创新的商业思维做有针对性的营销战略，并快速试用。

第二，完善国内营销渠道。

打造销售闭环，始于市场，途经产品研发，终于销售，形成完美的闭环式销售渠道。

第三，适应新零售环境。

外贸企业要以国内用户需求为根本出发点，充分利用互联网的可塑化与智能化，深度结合线上线下营销生态系统，设计新型的人、货、场消费场景，从产品的各个维度探索新的销售模式。

我们以福建的两家外贸企业为例，来了解它们如何拥抱国内市场。

第一，福建莆田某制鞋企业发力科技，制造高端产品。

该企业在2020年疫情期间经历三个月零订单后，接到一笔内销订单，为国内一家企业代工。该企业共有4家代工厂，如今只剩福建莆田的工厂还没关停。一旦停工解散工人，再想进入市场则困难重重。疫情下能够坚持下来的企业都是实力派，在这个行业大洗牌的时候就算是亏本也要保住工厂。

中国拥有14亿多人口的超大规模市场，消费升级速度快、需求多，为外贸企业转内销提供了充足的市场空间。但外销与内销是完全不同的市场体系，比如传统的外贸订单上万双起，交货时长可达三个月，而国内客户订单量小，每周都会下一次单，所以要有较快的生产速度。

该企业生产技术改造后，100双的小订单也可以随时生产，生产效率很高。这种小批量、快速转单的生产方式为企业注入了活力。例如，消费者在门店对脚部扫描测量，数据会随之上传到车间，20分钟就能生产出一双运动鞋。这种生产模式的好处是让供应链更加灵活，非常适用于转向内销的企业。

第二，福建某水产企业发力线上，打造品牌，深耕国内市场。

福建素有“鳗鱼之乡”的美誉，对外贸易约占总产量的70%。随着疫情全球暴发，鳗鱼出口量与价格锐减，再加上餐饮业的不景气，国内销量也是惨不忍睹。

面对如此困境，企业开始寻求线上转型。

中国疫情防控取得阶段性胜利后，福建某水产企业在天猫平台的帮助下，仅用半个月就卖出了两个月内的所有库存。后期加上直播带货和淘宝的助力，一场直播曾创下卖出十万份整条装鳗鱼的纪录，销量成倍增长。该企业取得如此成就得益于高瞻远瞩的发展眼光。他们长久关注国内市场，企业自创品牌在国内市场已初具知名度，随后发力投放到各大电商平台。该水产企业是完美转型内销的典范，已经度过了鳗鱼产业的低谷。

4.3　策略2：进一步强化国内自主品牌打造

疫情下线上贸易发展迅速，订单结构也在悄然改变，那些大批量、周期长的订单被小批量、周期短的订单取代，“定制化”产品越来越多。互联网营销的飞速发展冲破了营销渠道狭窄的枷锁，促使企业加快创新节奏，注重自主研发品牌，很多外贸企业的代工厂开始设计自己的品牌，逐渐向真正的品牌商过渡。

一、外贸企业发展自主品牌是个全新课题

提到外贸企业的“自主品牌”，首先要了解外贸企业具有哪些条件才能开启“自主品牌”创设之路。所谓“自主品牌”是指那些不需要经过他人包装就可以直接进入市场交易的产品。很多外贸出口企业并不具备此条件。这些企业在商标、品牌定位与包装、相关资格认证、品牌与营销团队建设等方面无法实现自主自由，但这些恰恰是实现“自主品牌”运营的前提条件。

有些企业具备“自主品牌”建设的前提条件，完全可以达到运营标准，但结果却不尽如人意。那么这些外贸企业在开辟“自

主品牌”时有哪些误区呢？

二、外贸企业打造“自主品牌”的误区

深圳一家出口企业以出口地板为主，被誉为全球最大的木地板加工厂，堪称行业巨头。这家企业在 2006 年就开始“自主品牌”建设，有意向国内市场进军，开始组建团队、渠道拓展和品牌包装等运作。他们从内销多年的企业挖来高管，又花费数百万元请知名度高的明星代言，办理“中国驰名商标”“国家免检”等认证，筹备工作看似事无巨细。一切准备就绪后开启国内市场布局，把全国分成各大区域，配备各大区域经理和助理等。据统计，在 2019 年，其在上海市的加盟商就有十个左右，但到 2020 年 3 月，加盟商已经减少了 1/2，具有代表性的门店也在悄然摘牌，如今更是所剩无几，仅剩的加盟商也只是三级市场的小商贩。下面我们就分析这家企业在打造“自主品牌”过程中存在的误区。

第一，包装误区。

这家企业同很多建材企业一样，认为“请明星代言”就是品牌包装，再加上“中国驰名商标”“国家免检”等资质就是中国驰名品牌了。我们并不反对企业的形象包装，但关键在于包装是给谁看的。该企业在品牌包装上投入巨资，但这是做给加盟商和经销商看的，而不是做给消费者。所以在终端市场就出现了“没听说过这个品牌”的声音，消费者肯定不敢轻易购买该产品。

第二，推广误区。

多数“自主品牌”企业会在包装企业形象后做一本精美的 DM 画册，招商人员会拿着这本画册说服他人加盟，这被误认为是品

牌推广。实际上，品牌推广的受众应该是市场终端的消费者，谁能购买你的产品，就给谁看你的包装。所以，品牌推广需要广告的加持，消费者只有先知道你的品牌，才可能去了解品牌，最后形成购买意愿。

第三，渠道误区。

我曾有机会同这家企业领导交流，他认为只要加盟商多就是渠道优厚，生产与渠道剥离，大幅降低企业营销成本。这位领导对渠道的理解犯了不小的错误。渠道在战略布局上是很有讲究的，从利于企业产品的销售为出发点，既要方便管理又要节约成本，还要让渠道对销售发挥最大的作用。深圳这家企业在上海建立的销售渠道就没有效果，加盟商营销实力欠缺、资金不充沛，其上海市加盟商总业绩都不如知名商家的一家加盟商业绩，这样的渠道多而杂乱，对企业营销和品牌推广没有实际意义，犯了“渠道泛滥”的错误。

第四，终端误区。

深圳这家企业的终端误区在于他们不参与加盟商的终端销售，只是供货给加盟商，并不理会它卖得好与坏，这种做法分离了厂商与加盟商之间的合作关系，将其转化成买卖关系。销售终端是企业存活的根本，当加盟商的终端销售屡遭重创时，厂家的不闻不问就会让加盟商心灰意冷，产生背离之念，最终导致决裂，销售渠道随之阻断。

从深圳这家企业遭遇的“自主品牌”困境中，我们可以看出，

第一，重视品牌包装不只是面向加盟商与经销商，更重要的是面向消费者，展示出以消费者为核心包装的产品。

第二，发力推广要善于利用资源，“不求百花争艳但求行之有效”，切实地推广到消费终端。

第三，渠道布局上要设相应的门槛，便于最大化节约成本，对加盟商有一定的销售要求，避免渠道“拥堵”。

第四，在销售终端要认真负责，把与经销商和加盟商的买卖关系转变为合作关系，面对销售困境共同商议、努力开拓市场，做好售后服务支撑。

4.4 策略3：丰富企业的销售渠道

渠道是企业发展的关键因素，没有渠道就没有客户，更谈不上销量。渠道制约着企业的生存与发展，渠道畅通，万事无阻。

一、各地政策加码，帮助外贸企业疏通销售渠道

各地政府相继出台各种政策，助力外贸企业打通内销渠道。例如，广州出台搭建出口产品转内销平台等措施，鼓励广东外贸企业开拓新的销售渠道。浙江开启贯穿全国的“浙货行天下”活动，在开拓市场的同时为外贸企业提供进商场、进社区、进平台的福利。宁夏和福建联合举办“2020闽宁出口商品巡回展”，推动两地出口企业拓展国内渠道，据统计，仅宁夏专场就有196家企业参展，现场销售300余万元，成交额约1200万元。

江苏一家企业主营显示屏产品出口业务，其出口额已经连续8年稳居行业之首。近些年因国内需求不断增加，该企业立刻调整战略，加大投入国内市场的力度，凭借着过硬的品质和多年驰骋海外的销售经验，顺利转战国内市场，并取得不小的成绩。据统

计，到目前为止该企业已经成功签约700家国内渠道，订单金额高达5.6亿元，同比增长39%，成为“出口转内销”成功的典范。

二、探索更多内销渠道，线上线下齐发力

拓宽销售渠道，需要线上线下齐发力。例如，积极深入国内大型电子商务平台，开设内销专区，重点推送产品，也可以把优质产品聚合在一起做成专题展示，记录并充分利用网购平台的大数据，生产更适销对路的产品。

比如，陕西某县原是贫困县之一，盛产苹果，因地理位置偏僻，很少有经销商来收购。随着互联网的发展，该县把互联网思维根植于脑，开始积极搭建供需对接商业平台，发展电子商务新业态，并且开展各类产品促销活动，从就业带动、旅游业带动、产业带动等多层次推动苹果的销售。最终电子商务进村，该县果农搭上了互联网走出大山的绿色直通车，据统计，2020年该县电子交易额高达162.2亿元，同比增长41%，苹果变成了“摘贫果”，全县脱贫，成为大家学习的典范。

再如，广州某企业主要从事剪刀销售，是知名品牌在中国的代工厂，销售渠道稳定，销量每年都按10%左右递增。但随着新冠肺炎疫情的到来，企业订单呈断崖式下滑，企业转战内销成为必然选择。但是贸然拓展国内渠道并非易事，缺乏经验、不了解国内市场需求成为企业发展的最大阻碍。正当企业一筹莫展之际，阿里巴巴1688于2020年4月上线了“外贸专区”，专门帮助中小企业开拓国内市场。该企业迅速抓住机会，选择从店铺到运营的“全托”服务。在平台的帮助下，该剪刀企业网店顺利落地，并且

销量大增，借助平台大数据开启精准营销，慢慢推出自己的“厨立方”品牌，年销售额数百万元。

我国超大规模的市场优势为外贸企业转战内销提供了广阔空间。电商平台具有营销、大数据、供应链等优势，能帮助企业精准掌握国内市场，加强消费者与企业之间的互动与沟通，帮助企业迅速开启内销之路。例如，淘宝特价吧有外贸频道，苏宁开设“助力出口企业转型”专区等。大量的优质产品正在激发国内市场的活力，促进需求增长，丰富供给。

据调查，目前转战内销并取得成功的企业多为行业头部企业，其较早就已经开始关注国内市场，为国际国内双发展做好了详尽的调研，用已经趋于成熟的内需渠道弥补了在国际市场的损失。从行业类型分析，轻工、农产品和服装纺织企业转向内销可行性更高，因为这三类企业销售成本相对较低，离消费者更近。

当然，还有一些企业处在“想转不敢转”“想转不能转”的局面，导致这种情形的原因是多方面的。

第一，缺乏经验。

有的企业明确表示，因国外产品多是大量少批次生产，业务模式相对简单。但国内市场产品多是少量多批次生产，业务模式较复杂，研发、广告、渠道环节较多，明显经验不足。杭州一家机械制造企业领导表示，因为企业本身是小型外贸企业，没有大企业雄厚的实力开拓国内市场，没有信心转战内销，所以一直举棋不定，停滞不前。

第二，品牌不响。

有些企业可以借助平台的力量，顺利进入国内市场，但如果想在国内市场长期发展，有所建树，就要发展自己的品牌。这类外贸企业多在海外树立了自己的品牌形象，但国内消费者并不买账，知名度低，培育客户的认知是需要时间和耐心的。

第三，市场不熟。

因国内市场与国外市场需求不同，很多在国外畅销的产品转战国内却出现相反走势，销售市场狭窄，订单难成为常态。例如，江西一家汽车改装企业，在国外发展得如火如荼，但国内改装车需求少，市场规模小，所以很难适应国内市场需求。

面对“转战”中的多重障碍，外贸企业要根据自身情况，从实际出发做出理性的选择，毕竟出口与内销所面临的市场环境有很大的不同。对于那些国内国外双发展的企业来说，要更加注重产品品质和销售渠道的拓展。这类企业要加强对国内市场的调研，适时调整战略，逐步树立品牌形象。

4.5 策略4：外贸企业的“去规模化”

过去，总能听到“规模经济”这个词，因为这是企业的竞争优势。而在数字化经济时代，通过人工智能、大数据分析等技术可以定制个性化产品满足不同人的需求，去规模化成为企业发展的新优势，毕竟未来需要的是“千人千面”的产品。企业管理者需要打破原来规模化生产方式下建立起来的惯性思维，及时创新管理的流程和架构，及时捕捉客户需求，了解市场变化。

一、去规模化意味着什么

当“去规模化”时代到来，那些长久以来依靠规模化发展的外贸企业会慢慢消磨它们的优势，如果有专业性强的小企业与其竞争，这些企业便很难再稳操胜券。当然大企业如同规模化经济时代的小企业一样不会消失，但是，其如果不能迅速改变大规模化的生产方式，便会逐渐走向衰退。

《财富》中有一篇文章，主要讲的是世界500强中的卓越领导人如何在去规模化时代里重新部署企业发展战略。

这些头部企业正在走一条漫长的去规模化道路，也即成立平台之路。他们深知平台可以长久存在并且取得可观的利润，很多企业因为平台实现了自己的商业价值。例如，亚马逊中最重要的盈利引擎就是亚马逊 AWS 平台，营业毛利润达 24.7%，反观其零售业务，营业毛利润仅有 3.6%。

以往，外贸大企业耗时十年甚至更久的时间建立高效的工厂、有效的销售渠道、供应链、专卖店和全球合作伙伴关系。如今，他们需要思考的是能否巧妙地把自己的这些能力租赁给别人，例如，亚马逊 AWS 平台把自己的计算能力租赁给活跃度过百万的用户。

在去规模化时代，众多外贸企业更像是小型实体网络，每个实体都在努力迎合某一小部分市场而制造产品。租赁会实现企业需要做的全部事情。

二、外贸企业"去规模化"的三种方式

外贸企业可以采用如下三种方式实现去规模化。

第一，摆脱非核心业务，为产品注入专注力。

外贸企业要想实现去规模化，首先要重塑自己的组织结构，把自己看作由多个小企业组成的网络平台，每一家小企业都只专心生产契合某个市场的某款产品，而其他方面可以去大企业租赁；其次要加强核心业务发展，努力摆脱非核心业务。例如，奈飞公司没有构建数据中心，而是依赖亚马逊的网络服务运营自己的媒体服务。

第二，成为平台，做不了“老大”，就做专注型的小企业。

例如，某外贸企业研制了一个人工智能平台，这个平台能够利用收集来的传感数据为客户优化产品，通过对系列因素做详尽分析，为消费者提供最低的价格。究其根本，平台发展就是把自己变成一张网，能够支持多家企业共同成长。

第三，满足客户定制化的需求，谋求新的增长。

外贸企业可以根据被客户长期认可的某种产品，开发其他产品，有针对性地捆绑销售企业的其他产品。这种模式会让企业体会到规模化的优势，却无须真正建立规模化生产体系。这也方便企业更加专注于产品本身，保持企业的创新性和灵活性，利用产品的不同组合有针对性地销售给需要它的客户。

例如，一家外贸企业在转型期间，最初以会员制的方式销售擦脸巾和纸尿裤，它专门服务那些希望买到不同品牌产品的客户群。企业顺着这个思路，又相继开发了洗护产品等，营业额在三年内突破亿元大关。

第5章　提质增效：在新格局中掌握全链路环节

2020年7月21日，习近平总书记主持召开企业家座谈会并发表重要讲话。总书记强调，我们必须集中力量办好自己的事，充分发挥国内超大规模市场优势，逐步形成以国内大循环为主体、国内国际双循环相互促进的新发展格局，提升产业链供应链现代化水平，大力推动科技创新，加快关键核心技术攻关，打造未来发展新优势。

在“十四五”的开局之年，企业如何在新发展格局中寻新机开新局？企业有哪些成功的实践？还有怎样的制约因素需要破解？

5.1 坚守创造更美好生活的初心

党的十九大报告明确提出“不断满足人民日益增长的美好生活需要”，这正是企业创设品牌的初心所在，本质是为了提升人民的生活品质。如今，世界经济不景气，全球市场波动较大，优质企业在“走出去”的同时，要思考如何在本土求发展，成为国内经济赛道上的引领者。

一、企业势必要进行一场提质增效的升级

《2020 年全球奢侈品行业研究报告（春季版）》预测，预计至 2025 年，在全球奢侈品消费者中，中国消费者会占全球消费者的 50%。显然，人们对产品的品质提出了更高的要求，因此企业势必要进行一场提质增效的升级。下面以国民品牌的代表——格力电器和箭牌卫浴为例进行说明。

近几年，格力电器致力于技术创新，加大技术研发力度，真正实现了消费端与生产端双向突破。在消费端，格力不断升级专业的制造技术，尤其是在空调制冷制热的能力和效率上取得了举世

瞩目的成就。在生产端，智能装备逐渐升级，突破制冷原技术的禁锢，提高了企业的生产率，同时提升了企业的核心竞争力。

箭牌卫浴同格力电器一样，二者生产的产品都是与老百姓生活相关的。随着生活水平的逐渐提高，老百姓对品质的要求越来越高，不仅要有舒适的购物体验，产品还要环保、安全、可靠、节能。箭牌卫浴以国际最先进的同类产品作为切入点，着力研制新技术、制订新方案。

箭牌卫浴在近几年投资3亿元，致力于研究智能产品，最终自主研发了陶瓷洁具的模具和高压注浆工艺，与之前相比，生产效率提升了4倍。为了满足消费者需求，箭牌卫浴在整个生产环节严格按照国家标准执行每一个制作步骤。例如，严格把控污水排放量和排放地点、随时做降噪处理，保证作业环境和作业材料的环保。

二、让人们过得更好是征服消费者的第一步

IDC、Counterpoint、Canalys三大机构数据显示，在2020年第二季度，华为手机首次成为季度销量冠军，一跃成为全球最好卖的手机。国内市场销量是4020万台，贡献量由50%提升到72%。

像华为P40、华为Mate30和华为P40Pro等机型均受消费者青睐，成为京东2020年6月手机销量第十名。早在2011年，华为的消费者业务部门的领导就指出手机硬件将会是品牌的重要发展优势，最能够满足消费者的需求。如今，华为的海思四核处理器、Balong芯片和迭代多次的前麒麟980，彻底打败了高通845处理器。华为真正做到了为国货发声。

沃尔沃汽车在 2020 年 8 月 20 日迎来了股权交割十周年纪念日，没有想到的是，这个北欧的豪华品牌在中国发展得如火如荼。究其原因，除了不断进步的科技研发外，沃尔沃重新定义了豪华的概念，即健康是豪华、环保是豪华等。

以生命为本，并且从不断进步的技术应用中表述对家人的爱与关心、对社会的责任感，让沃尔沃这个豪华汽车品牌更有温情。中国人民一直都非常重视家人的情感表达，这与沃尔沃豪华汽车的“豪华”理念不谋而合。

任何一个企业想要发展，首先要满足消费者的需求，实现他们对美好生活的向往，就像沃尔沃的宣传语，“唯爱与生命不可辜负”！

5.2 天津金轮 & 百客屋：发展国内市场，同时稳住外贸盘

2020 年，欧美多国上演“抢购热潮”，被抢产品是大家熟知的自行车。据统计，2020 年 5 月，俄罗斯的自行车销量是上年同期的 60 倍，西班牙自行车的销售额增长超过 20 倍，英国、意大利也增长了约 5 倍……

抢购自行车这种“新风尚”给企业带来了一系列影响，某国产自行车订单总量激增，考验了该企业的生产能力。面对激增的订单，工厂昼夜不歇，实行倒班制生产，但订单仍旧排到一两个月，甚至半年以后。

天津金轮自行车集团，是一家劳动密集型的外贸企业，在疫情的冲击下努力做好国内攻坚战。目前来看，2020 年外贸指标和以前基本一致，国内的销售额高达 3000 多万元，是上年总销量的 2 倍。其实从来都是危机中存在转机，只要企业认清方向把握住机会，便可以扭转乾坤。

一、抵御危机的勇气从何而来

金轮集团于1987年成立，年产8万台电动自行车，200万辆自行车，是自行车行业的领先者。如今，金轮集团的目标是把中国的自行车骑到世界上更多的地方，从当下激增的订单来看，实现这个梦想并不难。

这个有着30年外贸经验的企业，已经经历过多次全球经济波动，例如，2008年的经济危机。和这次疫情相比，二者的区别在于金融危机对全球经济影响呈不均衡分布。当时金轮集团的产品已经覆盖全球100多个国家和地区，在欧美受到重创后迅速调整了重点市场方向。

美国的自行车行业受2008年金融危机影响严重，金轮集团便趁美国在南美市场份额削减的时候，进军南美市场。

进入南美市场后，金轮集团发现，只要价格便宜，产品受消费者欢迎的程度是难以想象的。集团很快找到了在巴西家喻户晓的速降自行车运动员Caio，这种骑速降自行车从山上冲下来的极限运动在巴西很受欢迎，影响力很大。通过和Caio的深度合作与推广，金轮集团很快生产出一种和美国同品质的自行车，但价格却低了30%~50%，因此快速占领了南美市场。金轮集团产品销量进入了大增长时期，2008—2010年，年平均增速为30%。在疫情导致的全球经济低迷期，几经风雨的金轮集团已有足够的勇气抵御接下来的风险。

二、如何在危机之中孕育出一个全新的市场

天津市武清区有一家名为百客屋（bike work）的单车生活体验馆，吸引了大批骑行爱好者。体验馆占地约1000平方米，摆放了国内外9个品牌的百余辆单车，爱伦德、图腾等品牌均有一席之地。车旁是摆放着各类零件和工具的小型车间，可以维修市面上的各类高档自行车。除此之外，体验馆还有浴室、餐饮等配套设施。

在这里不仅能看到不同品牌的自行车，还可以把自己的车放在这里让其代为保管。此时，受疫情影响，外贸形势不容乐观，金轮集团也在寻求转变、谋得新生，“百客屋”的存在让集团看到了转战内地的新希望。一个企业只依赖于外贸一种销售渠道，风险太大，转战国内不是挤占市场，而是在培育新的市场，百客屋就是很具有创新性的实践产物。

百客屋从成立至今，新品发布、技术培训、车友会、订货会等活动陆续开展，年销售额突破300万元。线下发展如火如荼的同时，开始线上销售。百客屋于2019年11月入驻“友赞”商城，此商城主要面向朋友圈，只要在微信里搜索百客屋，便可以看到页面上有整车、车架、零部件，还有骑手专用的衣服、水壶等衍生产品。

与此同时，天津市武清区积极响应国家号召，返还年度企业和职工缴纳的失业保险费的50%，最大力度补贴职工保险、水电费等，天津金轮集团2020年第一季度得到100多万元补贴，大大减轻了企业压力。另外，企业得到银行大力支持，加快了办理贷款、

续贷、倒贷的速度，并且紧急提供购置设备的最低利息贷款约600万元，可谓雪中送炭。此外，仅用1个工作日，武清海关就为金轮集团办理了电商企业资质备案，并指导企业如何利用当地的优惠政策更好地节约成本，提高客户体验度，为进一步开拓市场助力。

5.3　苏州维信电子有限公司：出口转内销

一、适销对路才能更好地开拓国内市场

“要支持适销对路出口商品开拓国内市场”，这是习近平总书记在企业家座谈会上强调的主要内容。如今世界经济下滑趋势愈加明显，中国想要发展经济甚至带动世界经济发展与复苏，就要充分发挥我国的超大规模市场优势。

国务院办公厅印发的《关于支持出口产品转内销的实施意见》，从以下三方面作为切入点，提出了10条政策措施。

第一个方面：大力支持出口产品进入国内市场，从政策上开放绿灯，加速内销市场准入，加强知识产权保障。

第二个方面：开发多渠道内销形式，例如，发挥有效投资的作用、搭建内销平台等。

第三个方面：加大支持力度，从各个方面多维度加强内销政策扶持，例如，做好融资服务和支持，加强资金支持和保险支持，提升出口转内销的便利化。

二、维信电子的应对策略

维信电子是一家集设计、制造、组装柔性线路板于一体的外贸生产型企业，于1984年成立于美国加利福尼亚州，1994年来华，厂址设于苏州吴中区，算是较早来中国投资的外资企业。其产品多用于消费类电子产品、计算机医疗设备、移动电话等领域，年销售额百亿元以上。面对疫情严重、外贸订单锐减的特殊情况，其在第一时间制订计划，转入内销市场。

因为居家时间不断延长，“宅经济”（在第10章我们将详细阐述“宅经济”）火爆异常，国内各类型线上互联网业务均有增加，对pad等电子产品的需求也随之增加。维信电子作为产业链中的重要组成部分，快速转变经营策略，把原计划出口的产品迅速转向国内市场。维信电子调研了辖区内的780多家重点企业，发现有41家企业有巨大的需求。加上海关支持内销的各种举措，维信电子在2020年上半年销售额同比增长50%以上。

第一，从长短期看。

从长期看，大力支持出口产品转内销，本质上加强了内外贸易的贯通融合，充分利用国内国际双循环政策优势，在未来的国际合作中培养新优势，这是国家经济发展的长久之计。

从短期看，大力支持出口转内销是在帮助企业解决难题，尽量保持企业稳定。

第二，从国内消费与投资看。

我国疫情防控成果显著，国内市场需求增加，为轻工、纺织、农产品、电子家电等行业提供了较大的内销市场。

从投资角度来说，出口转内销推进了新型城镇化的重大工程建设以及各地的基础设施建设，为电气设备、精密仪器以及机械设备带来了新的发展空间。

第三，从消费升级看。

从消费升级来看，为更好地满足国内消费者的个性化需求，部分外贸企业开启了个性化定制路线。此外，直播带货等新型消费形式迅速发展，为外贸企业提供了与消费者沟通并完成销售的渠道。

与此同时，外贸产品转向内销也面临很多挑战，其中最重要的问题就是很多产品的国内外标准差异巨大。以服装行业来说，国内外服装的尺码、款式需求都存在很大差异，因此，此类企业在转内销的过程中要特别注意这方面的调整。此外，涉及品牌商标问题的，必须拿到外方的授权。还有一些外贸企业因长期走出口路线，国内对其品牌认知有限，企业本身也缺少专业的团队和国内市场营销经验。

此外，外贸产品转内销还存在巨大的市场结算问题，内销大多采取先拿货后付款的赊账营销模式，所以占用资金较多，面临的市场风险较高。

5.4 中国石化：谋求多维度发展

习近平总书记强调，国有企业一定要走在最前沿，尤其是中央企业要积极带动上下游企业度过经济的寒冬，同时加强国际合作，努力让产业链和供应链越发完善。

中国是全球最具潜力的经济体，拥有较为完备的产业条件。如今，新一轮产业革命和科技革命正在悄然发生，中国企业要立足于国内，以发展的眼光看世界，正确分析国内国际需求和新动向，精准地开拓市场，增强国际市场风险防控意识，实现更好的发展。

一、开拓非油领域业务

中国石化一直坚持自主创新路线，与世界领先技术和产品对标，通过自主研发生产和与其他企业协作研发生产等方式，持续推进重大装备国产化进程，为中国装备制造业转型升级和石油化工行业发展做出了重大贡献。如今，相关汽油勘探装备国产化率达 92%，千万吨炼油装备国产化率达 94%，百万吨级乙烯装备国产化率达 87%，基本实现了重大装备国产化。

除了致力于研发重大装备，促进国产化进程，中石化在非油领域也有所创新。2021年1月17日，中国石化在广西南宁举行了一场螺蛳粉发布会，这款品牌为“易姐姐”的螺蛳粉是由中国石化广西石油分公司自主研发的，与其旗下零售品牌“易捷”谐音。这款螺蛳粉以加油站、便利店作为销售终端场景，有冲泡和水煮两种，水煮型每包9元，与市面上的“螺霸王螺蛳粉”和“李子柒螺蛳粉”等畅销品牌相比更加便宜。

二、打通新零售场景

近几年，除了加油之外，中石化加油站也在积极开拓多元化业务，零售是其最重要的增长点。中石化利用加油站网点分布多、供应渠道便捷的优势，除了提供便利店中的品牌产品，还积极推出其他非油业务，如生鲜、咖啡、汽车销售业务等，不断进行跨界突破，谋求多维度发展。

第一，推出新咖啡品牌。

2020年末，中石化与互联网咖啡品牌“连咖啡”合作推出“易捷咖啡”，并推动其进入加油站等零售渠道。咖啡名字与汽油名字型号一致，分别有“98#经典咖啡”“95#风味咖啡”等。从中石化这一动作可以看出国内咖啡市场潜力巨大。《2020—2025年中国咖啡行业市场需求与投资规划分析报告》数据显示，中国咖啡年均增长速度高达15%，远高于世界平均增速。

第二，推出“安心买菜”新业务。

2020年疫情初期，中石化旗下北京石油拓展“一键到车”无接触配送服务，推出“安心买菜”业务。消费者可以在“易捷加油”APP下单，然后开车去加油站，工作人员会把消费者下单的产品放到后备厢，消费者无须下车，和工作人员没有肢体接触。在疫情早期，中石化也尝试做过生鲜业务，在江苏、浙江、深圳的中石化分公司均有售卖生鲜的尝试。

第三，推出汽车销售业务。

中石化易捷与奇瑞汽车、长安汽车、长城汽车三家汽车企业签订了战略合作协议，在汽车维修、销售、广告和二手车交易、保险等方面开展深度合作。

中石化除了在消费领域动作频出外，也积极推进新能源产业发展。中石化大规模进军氢能产业，把它作为新能源发展的核心业务，同时也开始推行光伏项目，致力于打造世界领先的洁净能源化工企业。

我国有14亿多人口，其中约4亿是中等收入群体，这彰显了我国巨大的消费市场。在如今外贸环境低迷的情况下，供应链要本地化、精细化、数字化、多元化发展。无论是石油行业还是零售行业，在疫情当下，企业既不可以急于求成也不能停滞不前，而是要想办法让重要零部件实现本土化生产，运用新技术实现工业突破，在“十四五”规划期稳健成长。

5.5 创想三维：争做3D打印行业的“布道者”

当今世界经济局势是国际贸易萎缩，产业链供应链受阻严重，逆全球化思潮暗涌，全球产业发展动荡。在如此多变且复杂的局面下，企业管理者一定要保持清醒的头脑，找到适合企业的发展之路。

因新冠肺炎疫情影响，全球产业链受到重创，反观3D打印技术却火爆异常，其中最重要的原因是：第一，3D打印为全球供应链提供了新的方向，这种打印技术绕过供应链难题，以小批量、快速、柔性强、无模具、按需生产的方式，为企业节约了大量的时间和成本，成为一条新的供应路径。第二，中国制造的3D打印机性价比高，成为极具竞争力的消费级产品。

2014年，创想三维成立，这是一家专注于桌面级3D打印机，集研发、设计、生产和销售于一体的科技企业。企业团队有500多人，其中研发人员超过10%。

据国家统计局统计，2020年3—4月3D打印机的海外销售量同比翻了6倍，4月上旬就达到了16万台，按时间计算，相当于8秒卖出一台。到5月已经完成了2019年50万台的销量目标。目前，3D 打印技术仍旧处在发展高峰期，无论是技术还是应用场景都有很大的发展空间。创想三维高速发展，致力于成为 3D 打印产业的“布道者”，为千万家庭带去便捷的科技服务。

创想三维的成功经验总结起来有以下几点：

第一，质量与体验同等重要。

在创想三维的产品中，有一款型号为 CR-X 的智能型 3D 打印机，这款打印机打印出来的产品有两种颜色，用全金属材质做双边挤出夹，确保打印机在打印过程中更加稳定，采用双风扇设计让打印机在工作过程中高效散热。在创想三维的 CR 系列里还有工业级机型，用高品质钣金激光焊接一体成型，大大减少打印机在工作中的共振，让打印更稳定，打印效果更好，同时还附有断料检测、断电继续打印功能，在一定程度上提升了用户的体验感。

创想三维在注重用户体验的同时，也非常注重产品质量。目前创想三维 3D 打印机主要采用两种技术，一是 FDM 技术，CR 系列消费级机型主要应用此技术，该技术具有系统运行安全、原材料寿命长、利用率高等特点，获得打印材料相对容易。二是 DLP 技术，光固化机型多采用此技术，主要是先通过数字技术处理影像，然后把光投影出来，是在数字微镜原件的基础上利用可视数字信息技术完成产品生产，这种技术生产出来的产品精度更高。

如今，创想三维生产的产品有 70% 销往欧美等国外市场，因为其操作容易、质量好、性价比高的特点赢得了广大消费者的一致好评。

第二，助力制造业升级，引领行业变革。

创想三维所在的地区汇聚了许多制造企业，其规模大小不一，创想三维在完成自身生态链的同时，也帮助了很多专门生产零部件的“小作坊”工厂。

如今受国际大环境影响，很多原材料成本持续上涨，利润透明度又高，很多企业想要活下来就不得不通过降低成本来谋求生存。而创想三维的3D打印业务能帮助企业降低成本、提高工作效率。例如模具制造业，生产模具要经历开模、反复确认、生产，整个过程耗时很久，一旦失败就会面临巨额亏损。而在3D打印机的加持下，模具制造业迎来了变革。因为制作的样品可以通过3D打印机提前获取，所以减少了冗长的反复修改过程，让操作更加灵活，实现了小规模批量生产。

第三，培养人才，培育市场。

国内3D打印人才非常稀缺，只有极少数高校开设这门专业，人才供给不足成为阻碍行业发展的难题。创想三维萌生了让更多人学习3D打印技术的想法，积极与国内高校合作，创建产学研教学实习基地，为培养人才提供便利条件。随着大众对极具想象力的3D打印技术的认知提高，未来3D打印技术一定会应用到更多的场景。

5.6　天虹文具：转型跨境电商

在诸多外贸企业转型的过程中，有的绝地重生，有的萎靡不振，宁波天虹文具有限公司就是前者。下面，我们就以天虹文具为例，分析其转型跨境电商的成功经验。

一、充满内忧外患的传统外贸企业

宁波天虹文具有限公司成立于1989年，历经30多年的风霜雨雪，在摸爬滚打中经历传统外贸行业的兴衰。

受新冠肺炎疫情影响，传统外贸渠道不畅，订单数量下滑，加上成本持续上升，利润空间不断缩小。虽然天虹文具很早就入驻亚马逊美国店，并且与eBay、Wish、速卖通等平台有合作，但跨境电商面临诸多挑战，比如物流管理、品牌营销、数据分析、供应链管理等困难重重。

二、“十四五”时期，天虹文具再出发

为了解决在转型跨境电商的过程中遇到的不专业、没经验、没

门路的各种问题，天虹文具制定了两个战略：

一是整合文具供应链，满足客户需要的服务战略。例如，通过有效整合供应资源，提高供应链的生产效率。

二是树立品牌意识，满足客户个性需求的品质战略。生产型的外贸企业可以通过“借船出海”实现营收，但是想要持续发展，就要着力于打造产品品牌，注重细节的把控。

天虹文具用传统外贸和跨境电商“两条腿走路”，为今后的发展做足了准备。

中国文具产业多是加工厂长期进行 OEM①，这种单纯的加工出口，附加值较低，企业技术创新意识淡薄。调研显示，当中国的消费者在使用手摇卷笔器时，美国市场已经开始使用电动卷笔器。

天虹文具想要在市场上站稳脚跟，就要积极设计“新产品”。之后，天虹文具生产了电动卷笔器、桌面吸尘器等，在卷笔器上新增了削尖就停、自动排芯等功能。

新产品只有经过不断升级改造，加上有效的推广销售，才有可能占领市场。此外，如果能在外观上稍加改进，增添些具有代表性的当地元素，产品价值也会翻倍，增大企业的利润空间。

① OEM，是指品牌拥有者不生产产品，而是利用自己的核心技术负责设计和开发新产品，自己控制产品的销售渠道。

5.7 巨星集团：把货卖到全球

全球经济受疫情影响严重下滑，各国都面临着严峻的挑战。但专注于制造业的巨星集团却逆向而行。该集团在疫情最严重时，仍旧坚持不停产、不停工，其出口量、销售量不断刷新历史高度。

巨星集团在中国民营制造企业中排在第76位，其旗下杭叉集团、中策橡胶、巨星科技等都是各自行业的领头羊。据官方数据统计，2019年集团销量达到556亿元，国内占比60%，国际占比40%。2020年1—9月，杭叉集团销售额82.08亿元，同比增长21.61%；巨星科技销售额62.77亿元，同比增长27.35%；中策橡胶的增长速度也远高于同行。

一、抓住内销的新契机，带动新消费

受疫情影响，轮胎行业遭受巨大冲击，2020年第一季度，中策橡胶内销乏力，主要力量集中在出口，外销稳步增长。但到了第二季度，国外疫情呈暴发状态，外销几乎停止，巨星集团抓住这个机会，专注促进内销，有效弥补了外销的损失。

第一，开拓市场。

在开拓市场方面，中策橡胶行动快、目标准，很快挖掘到有效市场终端。2019年被誉为中策橡胶的"产品年"，企业在科技研发方面投入了大量的资金，加大研发力度。例如，仅子午胎一个系列就有772个新规格投产，产品几乎覆盖了整个轮胎市场，在产品有机更新和市场开拓方面起到强有力的支撑作用。

除此之外，中策橡胶子午胎工厂是一个极具柔韧性的工厂。中策橡胶打造了一个完美的闭环产业链系统，极具柔韧性的生产能力让中策橡胶能快速应对风险、快速调整生产节奏。

第二，开启线上直播。

2020年春季广交会，很多进出口企业进行了"云直播"，杭叉集团把叉车带进了直播领域，观众可以在线参观工厂，加上现场介绍和演示环节，详细地为观众介绍叉车，总计有超50万人观看。这样的"云直播"有10多场。同时企业每月都在天猫、抖音等平台进行专场直播，和观众深入互动。

第三，成立4S旗舰店。

杭叉集团在很多城市建立4S旗舰店，并在线上积极开拓电商板块，强化企业微信公众号、官网、抖音等平台的宣传作用，发展多种营销渠道，快速建设网上展厅，有效整合内外资源。

杭叉集团在杭州临青山湖投资20亿元建设了全球先进的5G数字化工厂，提高了生产能效。杭叉集团通过深化改革，实现转型发展，率先在行业内研发新能源叉车和多种智能车辆，产品创新能力在业界屈指可数。目前，杭叉集团的各种产品已经应用于京东物流、厦门航空、沈阳宝马等企业。

巨星科技加强自我品牌创新，通过亚马逊等电商平台，扩大影响力，形成多点开花的局面。据统计，巨星科技在2020年上半年跨境电商同比增长100%。

二、全力以赴稳定外贸

巨星科技在宁海有一个占地8000多平方米的工厂，步入工厂就仿佛进入了一个大型货场，进货、出货、运输、搬运都是自动完成的，工厂每天都在满负荷运作。

由于巨星科技的产品94%以出口为主，受市场需求、海关影响巨大，企业面临困境。巨星科技通过深入调研发现，外国人在居家办公时有大量时间修整庭院，因此发力跨境电商，直接把修整庭院的工具卖给消费者。在国内稳固产业链的加持下，巨星科技在2020年1—6月跨境电商业务增长100%，成绩喜人。

此外，巨星科技凭外贸起家，为了有足够稳固的产业链面对突发危险，早在泰国、柬埔寨、越南等地建设了制造基地，目前在8个国家打造了13个生产基地。巨星科技的发展重心是国际化，所谓收购也不是单纯的“买买买，”而是有效升级整合产业链。疫情暴发后，很多国际航运停滞，亚马逊爆仓不断，巨星科技凭借自己在美国完善的仓储体系，保证了北美市场的产品能够正常供应。

与那些国际巨头相比，巨星科技的弱势是品牌优势小。据统计，巨星科技在2020年品牌营收占比35%。巨星科技计划在未来5年，通过不断努力将所有自有品牌的营收占比做到50%以上。近些年，巨星科技在欧美完成了多个龙头品牌的收购，为构建“中国设计+中外制造+全球销售”打下基础，并且依然在努力攻占全球技术、价值链和资源的最高点。

一个国家想要强大，必须有强大的制造业来支撑。中国制造业要坚定不移地坚守创业的初心，用工匠精神打造每一款产品，持续投入科技力量。

巨星集团以制造业为主线，在遵循自身发展规律和市场逻辑的前提下不断延伸业务，走内外兼修的发展道路。从最初的工具产业开始，到如今升级为机器人、激光雷达、智能家居、叉车、轮胎等多种业务并行发展，已呈现"百花齐放"的态势。

第6章 发力新基建：拉动内需持续增长，打通发展堵点

今天，在新基建的某些领域，中国处于国际领先地位，这对中国来讲意义非凡。“十四五”时期是我们竞技提升的关键期，从拉动内需到持续增长，打通发展的堵点是重中之重。于企业而言，在这个关键期需要努力突破技术瓶颈，提高技术附加值。

6.1 新基建是促进双循环、打通发展堵点的关键

“十四五”时期，“双循环”有“三大抓手”：全面开放生育、加速城市群建设和新基建。

新基建是指新型基础设施建设，主要包括新能源汽车充电桩、大数据中心、人工智能、工业互联网、5G 基站建设、特高压、城际高速铁路和城市轨道交通七大领域。网络信息是其发展的基础，技术创新是驱动，覆盖多条产业链，提供最专业的智能升级、数字专项等服务。

一、促进双循环，打通发展堵点

在疫情突袭和数字化飞速发展的当下，挑战与机遇并存。新基建是数字经济发展最重要的基础，它能帮助产业更好地实现转型升级，快速改变经济发展方式。

新基建要同产业转型紧密合作。尤其是在双循环政策下，产业升级与经济转型是内需释放的关键点，是人民收入增加、生活水平提高的前提，因此要对新基建投入不断加码，为相关产业的升

级和转型提供技术支持和硬件保障。

大力倡导新基建，意味着基础设施建设发展会上升到新的高度，开启智能化、虚实结合、软硬一体化发展，未来会形成更智慧升级的基础设施服务体系，实现全面链接。例如，新基建链接云端，实现零售新突破；新基建赋能数字，提升制造效率。新基建带来的新契机，不是单独地指向某个行业或个别企业，而是面向经济发展的新动能。

以新基建为杠杆，撬动新探索、新势能、新规划多地发展，形成"百花争鸣"的新态势，勾勒一幅全新的经济蓝图。例如，福建公布的2020年度经济重点项目中，有52个项目都与新基建有关，总投资729亿元；上海发布新基建行动方案，暂定首批项目3年投资2700亿元；江苏制定快速推动数字新基建、扩大支持发展5G建设方案；浙江的537个重大新基建项目总投资8864亿元，其中有六成是产业工程与高新技术产业。

中国致力于发展新基建，更深远的意义在于为全球产业储备更多的后续能量。中国国际经济交流中心副理事长黄奇帆曾说，疫情后的各国都持观望态度，但就目前调研结果来看，有一点是共通的，即疫情会促使下一阶段的产业发展更加注重数字建设，也就是说物联网、云计算、5G、大数据等会高速发展，中国刚好正在加速此类建设，这会让中国的新型基础设施建设在国际领域更具优势。

总之，新基建会大力推动我国基础研究设施的发展，助力我国早日突破人工智能、芯片和云计算等方面的发展束缚，带动我国整体生产力的发展，提高经济增长的速度和质量，享受科技带来的红利，有助于中国经济健康可持续发展。

二、新基建将加速企业转型升级

对于新基建包含的七大产业链来说，每个企业既是新基建产业创新与技术创新的发力点，又是“十四五”时期，“双循环”格局下实现双向发展的主体。

其中，华为、阿里、腾讯、京东、联想集团等10余家新基建核心代表企业，在“十四五”规划的指引下，抓住新基建的发展机遇，迅速完成自身的转型升级。

第一，正在加速的企业转型升级。

根据国家统计局数据预计，2020—2025年新基建会带动11万亿元投资，年均增长10%。未来经济的主要增长点是那些符合产业升级转型和高质量发展要求的新兴信息技术及其应用行业。经济学家管清友认为，加速产业升级是“十四五”时期发展的着力点，这就代表企业价值和基础设施提升会进一步发展。例如，从“乡间小路”到“高速公路”再到如今的“高铁”，无不彰显了基础设施发展迅速，同时对企业发展产生巨大的影响。如今，在“十四五”时期的布局中，启动内需、统一市场成为新基建发展的重要步骤和着力点，它会催生新模式和新业态。而类似京东、紫光、联想等以技术为导向的企业，会伴随基础设施建设的完善而转型升级，在原有赛道上实现超速行驶。

第二，企业不能盲目发展。

虽然“十四五”时期新基建快速落地是难得的机遇，但以技术导向为主的企业不能盲目发展，需要时刻保持清醒的头脑，从实际出发，从市场出发。例如，联想集团，目前在国际上拥有一定的优势也在积极谋求转型升级。联想集团已经将新基建业务与矩阵和基础设施建设融合，覆盖多个新基建领域全链条，并且在智慧医疗、智能教育、智慧交通等行业制定了一系列可以落地的实用方案。

第三，推动数字城市建设。

随着数字时代的发展，人们对医疗、社会保障、教育等领域的基础设施建设的要求越来越高，相应地，企业也在积极地满足人们的需求。例如，科大讯飞从原有业务产业链的上下游延伸入手，聚焦民生问题，以人工智能技术为依托高质量覆盖更多的优质资源。科大讯飞推出农业、无接触、数据标注、翻译、直播、城市、医疗、司法八大城市专题区域，加速实体行业与人工智能的深度融合，以 AI 技术推动数字城市建设。

新基建能够延伸至产业链的上下游，在新基建的赋能下，能源、医疗、工业、教育等行业将打破时空限制，发掘更多价值，加速"十四五"时期的产业升级。

6.2 弄潮新基建，数字产业驶入快车道

经济高质量发展的关键在于数字经济，而新基建是数字经济发展的基础前提与保障。从短期看，新基建在大力推动国民经济发展的同时，扩大了内需，增加了就业，助力了投资；从长期看，是实现全要素生产、提高生产率的有力支撑。

一、新基建的实施路径

不同于传统基建建设，新基建打破了以“铁公基”和房地产为代表的模式，更具智能化、数字化和网络化特点。党的十九届四中全会首次将数据作为生产要素参与分配，这代表着中国正式进入“数字红利”时代。

如今，实体经济因传统生产要素供应增长长期受限，加上成本持续走高，所以出现利润微薄、效率低下的情况。新基建聚焦互联网数据资源管理、可信交易、数据安防、数据标识分析等，可以促使跨地域、跨行业整合资源，进而加速工业企业研发、设计、生产、经营、管理、售后服务等全流程智能化发展，进一步加速

现代服务与制造业深度融合，推动新旧动能持续转换。

第一，云基建。

即云计算及数据中心产业链。在过去几年，得益于存储成本下降和网速提高，云计算服务发展迅速，很快渗入工业、交通、物流、金融、医疗健康等传统行业，云平台已成为新型信息基础设施。对云平台需求增加意味着市场空间广泛，像数通光模块、交换机、服务器、数据中心，都会迎来大的发展机遇。

第二，管基建。

以海缆铺设和5G建设为基础技术，形成“云管端”通信网络体系的信息传输通道，这是构建“云管端”体系的前提条件。

第三，端基建。

云基建是信息传导的高速通道，能够提供共享的存储和计算资源，端基建是“云管端”闭环中与终端结合最紧密的部分，通过构建高速网络，为平台提供存储计算信息，让用户使用起来更加快速便捷。

二、数据中心建设助力新基建

目前，中国正在积极推进数据中心建设，其中以国家工业互联网大数据为中心，汇聚整合资源，高效提升大数据服务、安全和管理水平，快速推进工业互联网转型升级，提升数据驱动的政府治理能力，最终体现在实体经济能力的提升。除此之外，还要从互联互通、先进计算、智能分析和数据感知等方面深挖工业互联网数据的价值。工业互联网作为新基建重要的组成部分，是制造业同信息技术相融合的产物，是传统制造业实现智能化、数字化、网络化转型的重要方法。

工业互联网的适用范围从制造业拓展到了交通、能源、医疗、智慧城市、建筑等领域，在三大产业的渗透率持续攀升。据数据统计，2020年工业互联网在农业、工业、服务业的渗透率分别是0.27%、2.76%和0.94%。从数值上可以看出，工业互联网对第二产业的带动作用最明显，已经广泛应用于航空航天、能源、服装、电子信息、石化钢铁、家电等领域。

工业互联网能有效解决物资监控、资源调配、供应链调整等难题，发挥如下积极作用：

（1）实现供需对接和资源配置作用，大大缓解供应链紧张和销售下滑的压力。

（2）加速工业互联网产业的创新融合，降低企业的资金压力。

（3）在工业互联网技术的帮助下准确预测供应链风险和产能波动。

工业互联网可搭建多层联动平台，帮助企业快速实现数字化转型。工业互联网平台的产生会加速生产方式的改变。

工业是我国的第二产业，工业互联网渗透率高，有利于快速打造数字化转型的技术共通点，构建工业互联网平台，实现数据联通。

服务业是我国的第三产业，工业互联网能够有效地运用数据支撑核心要素之间的融合，推动产业链健康发展，实现共享能力和优化资源配置的效果。

6.3 5G 领衔新基建，促进文旅产业融合

在发改委明确的新基建中，5G 基建被列为重中之重。新型信息技术带动整个行业的升级与转型，具体体现为如下几点：

第一，万物互联。

4G 技术带动流量爆发，5G 更为迅猛，其通过低时延、高宽带等特点实现物与物、人与物的连接，真正进入“万物皆可联网”的时代。

第二，上“云”趋势。

5G 发展有望改变传统计算和存储模式，个人用户可以通过网络将数据传送到“云”上，云端硬件很大程度上取代了本地硬件。

第三，新硬件与新技术应用。

5G 与 AI 结合势必会衍生出各种新型应用，并且通过一定的技术手段渗透到社会的各方面，为消费者提供更多的便利。

文旅产业受大数据、人工智能、5G 新型信息技术引领，注入了新的科技动力元素，使得文旅产业朝智慧化、数字化方向发展，其管理模式、产品业态、体验方式和产业技术都会有新的发展趋势。5G 商业化将会成为未来 10 年内最重要的商业场景，而在 5G 技术与科技和文化的深入加持下，文旅产业将会是未来的爆点。

一、国内文旅产业借势新基建的东风

2018 年 12 月，中国联通在红旗渠境内发布首个 5G 智慧旅游系列的应用，推出了“5G+AI 旅游服务”“5G+社交分享”“5G+VR 全景直播”“5G+AR 慧眼”等旅游应用。故宫与华为在 2019 年签署战略合作协议，致力于共同打造“5G 智慧故宫”。2020 年 5 月中国联通与海南呀诺达热带雨林景区合作，开启无人驾驶摆渡车项目。

由于疫情，“云看展”“5G 云游”等新兴旅行体验方式接踵而至，人们也越来越接受并喜欢这种方式。国内文旅借助新基建热潮动作频发。

在旅游体验方面，通过 3D 和 4D 虚拟现实体验，会把更多的诗意故事和传奇形象赋予现实意义。

在环境监测方面，利用智能设备监测游客的停留时间，避免访客逗留时间过长对环境产生影响。

在旅游服务方面，通过半自动车辆运载访客，通过车载解说了解站点的背景和意义，尤其适用于流动性强的访客。

在景区保护方面，利用先进的无人机技术，帮助“监视”和调查景区是否“健康”，最大程度上减少对环境的伤害。

二、5G 科技赋能文旅，打造智慧旅游新业态

如今消费者需求日益个性化，文旅产业想要有所突破和发展就要积极探索多元化消费模式，谋差异发展，求变化之道，科技赋能文旅成就新业态，以科技的力量促进整个文旅产业提升。

我们以文旅产业中的主题公园为例。因为消费需求不断攀升，那些科技元素多、沉浸式发展的主题公园越来越受欢迎。

当红齐天公司自2015年创建之初就一直围绕VR/AR技术探索新的传统文化体验，通过沉浸式技术再创造，让传统文化更有生命力，更加鲜活，让文化科技与产业价值形成良性循环，让更多人体会到传统文化的力量与智慧，打造真正的中国符号。在科技加持下，加速推进虚拟现实世界的进程，努力用全新的生活方式拓宽生命维度。

主题乐园与科技深入融合，在本土特色的基础上打造无法复制的乐园，成为行业发展新趋势。文化与科技融合要满足技术领先，也要讲好中国故事。当红齐天一直重视IP，深挖中国文化，与故事相结合提升乐园娱乐设施，推动高新技术与文化相互融合促进，颠覆传统娱乐模式，注重游客沉浸式的访问感受。

当红齐天执着追求科技的力量，成为中国自己的IP和5G+XR新基建应用场景的首个“试金石”，成功进驻迪士尼主题乐园，成为国内第一个与迪士尼这种世界级主题乐园深度运营绑定的文化科技企业。

当红齐天除了选择与国际级乐园合作，还在2020年5月与首钢集团达成合作，在11月1日正式签约入驻首钢园1号高炉，打造全球第一个以VR/AR为主要技术载体和百年工业遗存相结合的有国际范儿的科技主题乐园。“1号高炉”成为集文化、娱乐、科技于一体的综合性乐园，完美展示了百年工业遗存的文化。

主题乐园的兴起一定会带动基础设施的升级与改革，在提升区域发展水平的同时产生“以产带城”的联动。

6.4　金龙光电缆：乘上新基建的东风

众所周知，光纤很“快”，但究竟有多快，大多数人却没有概念。试想，一根直径15厘米、长3米的光纤预制棒，经过30多个小时的“千锤百炼”拉出4000公里光纤，平均每分钟生产2700米。这条信息高速公路的起步就非常高，堪称速度最快的“飞毛腿”。

金龙光电缆是杭州一家电缆制造商，为了确保湖北和温州在疫情期间的电缆供应，共生产了115万芯公里电缆，产值高达1.45亿元，为武汉方舱医院通信顺畅保驾护航。

一、积极自主研发，打通产业链

金龙光电缆落地在临安，于20世纪80年代中期建立，以电线线缆起家，历经30多年发展逐渐扩大规模，拓宽业务领域。

伴随信息技术飞速发展，我国电缆已经从“铜时代”迈进了“光时代”，临安的电线电缆企业开始纷纷转型谋求发展。

在转型这场盛宴中，金龙光电缆表现尤为亮眼。金龙光电缆设立控股子企业，成为专业制造光纤、光缆、光棒的通信企业，被浙江省列入“152”重点工程项目。

光纤预制棒经过沉积、烧结、脱水、测试、包层等工序后，经过1500℃的高温拉丝成直径125微米的裸光纤。经过涂覆固化，把光纤包裹成一个小线盘，通过筛查检测合格后才能送去制作光缆，通过着色、套塑等工序，最终成为售卖的光缆。金龙光电缆出口墨西哥、罗马尼亚、美国等地区，每天约运送600公里长的电缆。

光纤、电缆制造工艺起点高、投入人力物力大，技术难题是最难攻克的。金龙光电缆克服技术难题，采用先进的高沉积速率，用多轴包装低成本方案，实现了规模化生产，成功建设了棒纤缆一体化技术平台，减少对产品的进口依赖，实现低成本、高品质预制棒规模化生产，推动了线缆、光纤行业的跨时代发展。

二、基于5G基建，不断开发新的应用场景

如今，新基建正在如火如荼地建设中，5G作为新基建的核心，势必会引发通信效率的改变，进而对工业、医疗、消费等领域产生深远影响，同时催化各种新型应用场景，对网络传输与接入的品质有更高的要求，例如，细分到高质量网络、高效率低成本网络、可靠性架构、高效智能网络等。这些5G建网和运维，对光缆光纤产品提出了更高的要求，需要增强场景适配性和质量性能等。

金龙光电缆的产品均符合甚至超过行业要求和国际标准，针对5G应用场景开发的多种电缆正规模化产出，为新基建提供有力支持。理论上光纤预制棒直径越大长度越长，拉出的光纤就会

越多，生产成本自然降低。金龙光电缆生产的光纤预制棒直径最接近全球领先标准，肉眼看不到气泡，也就说明拉出的光纤更加均匀。同时，金龙光电缆没有止步于此，而是研制出新一代5G光网络的非线性光纤，这成为行业的领先产品，大大提升了企业竞争力。

6.5 萧山临浦镇：从乡村到城市的反向进化

在杭州萧山临浦镇阴街社区的一条弄堂里，坐落着一家夕阳旅馆。走上楼，你会看到老电影中才有的20世纪80年代的景象，红色的窗户边框、老式的床品和绿色的墙漆，让人回味无穷。

这家旅馆于1977年建立，曾是萧山南片区最具档次的旅馆，想要入住得有介绍信才可以。但光阴似箭，各种设施齐全的星级酒店如雨后春笋般涌现，这家夕阳旅馆成为名副其实的“孤寡老人”。但是旅馆生意还可以，最低15元便可住店，最贵的房间也才40元一晚。有人选择住千元一晚的星级酒店，也有人选择这种低价旅馆。低价供给，依旧有生存空间。

一、新基建终端的本质：触及更多人的生活

在数字经济时代，新基建深入到我们生活中的各个领域，夕阳旅馆被赋予了新的色彩，其不仅是独特的住宿提供者，也是科技改变生活的践行者。与它相距3公里的是星巴克，二者把现代文化与乡愁文化巧妙地融合在一起，构成了乡镇独有的底色。新基建

的本质也是服务大众，能够触及更多人的生活。

萧山临浦镇和阿里巴巴钉钉合作打造了一个沟通平台、一个服务中心和一套名为“平安钉”的数字化工作机制，既满足了县域治理需求，也能够实现村镇服务协同线上发展。“平安钉”已然成为一种基层的民间形态，是新基建落到实处的切入口。

“平安钉”的出现让私域生活圈变得更有空间和想象力。用户采用实名制原则，可以在上面发布房屋租赁等消息，因为用户群限定在乡镇区域，所以这里信息的对接性更高。这相当于成立了一个区域性的二手交易、招聘、租赁等功能性极强的综合性平台。

深入生活本身，就融入了真实的生活，融入生活的新基建无论以哪种方式出现，都是极具生命力的。

二、反向进化的新样本：通二村

作为“融入生活”的样本，萧山临浦镇通二村的做法是：集中时间和力量，地推式推广，让村子里的每个家庭至少有一个人加入平台。通二村试点成功为临浦镇推广数字化治理起到了示范作用。“平安钉”几乎覆盖了所有家庭，全镇有一多半人都是它的用户。用户可以通过各种不同的群寻找自己想要的信息，通过圈层联动实现有效协同发展。

数字化逐渐被大家接受，应用变得更为重要。“平安钉”推出后，村民无论大事小情都可以反映，并且秉持公开透明的原则，可以随时查询记录。解决和回答问题需要在规定时间内完成。起初村干部都感觉压力骤增，通过一段时间的适应和实践后发现，这确实是双方都受益的事情。随着问题不断解决，存量问题减少，新问题也没那么多了，村干部需要处理的事情也减少了，村民也有强烈的获得感。随着数字化管理的进一步发展，各部门责任得到进一步明确，工作效率提高，领导和百姓都欢喜。

随着矛盾化解效率、综合服务能力和信息共享速度的提高，良性循环已然形成。同时，“平安钉”还创设了一些新的服务项目，如积分服务。

积分通常是商场会员的服务方式，如今也在临浦镇落地。村民义务参加志愿者服务、环卫巡防等村级事务，可根据服务获得相应的积分，也会通过参加“平安钉”发起的有关交通安全、垃圾分类、防电防火防诈骗等知识问答活动获得一定的积分。

在调动用户积极挣积分的同时，积分也与商家对接，形成完美的闭环。用户可以用积分兑换代金券，在消费时可以抵扣电影票、奶茶、冰激凌等消费项目。

其实这种积分制同样适用于城市社区，只要能形成有效的激励闭环，就能够形成一个由基层治理、居民治理和商业促销于一体的协同发展新业态。通二村的乡村治理方案，可以引入社区、小区管理中，协同解决业主、居委会和物业之间的问题。

从长远角度出发，基于通二村使用“平安钉”的经验，输出对象可以从临浦镇延伸到更广泛的社会组织。当新基建的数字化力量形成多个像临浦镇这样的循环闭环后，便会形成社会大循环。城市社区和村镇的私域流量最终会凝聚成数字社会的共域流量，在扩大商业空间的同时也让人们获取更大的幸福空间。

第7章　拓展“一带一路”：全球经济贸易的新增长极、新通道

在亚太经合组织的第二十六次领导人非正式会议上，习近平总书记郑重宣示：“中国会和各国共同坚持共商共建共享，让一带一路以高标准、高水平、高质量发展，努力为亚太地区和世界各国人民创造更大的发展空间。”中国的道义与胸怀、底气与担当无不展现了大国风采。在“十四五”时期，中国一定能和其他国家同舟共济，共同描绘更加美好的画卷。

7.1 “一带一路”，内外联通的战略走廊

2013年9月10日，习近平总书记分别提出建设“21世纪海上丝绸之路”和“新丝绸之路经济带”的合作倡议，简称为“一带一路”。中国在与有关国家双边机制的基础上，同“一带一路”沿线国家共同打造政治互相信任、经济融合发展、文化包容借鉴的命运共同体。

如今全球经济形势复杂多变，如何让国际国内循环在“十四五”时期同频共振、联动发展、实现共赢是值得考虑的事情。“一带一路”囊括贸易轴心和产业协作等多种新业态发展方式，是我国推进国际循环的重要战略方向。

“一带一路”主要有四个循环：其一，制造业循环，旨在推进海外投资的同时扩大资源品的进口原地。其二，消费市场循环，通过帮助当地发展增加轻工业品、农产品的购买力。其三，建设项目循环，通过不断增加的国际项目建设，提高配套制造业产品的出口率。其四，对外投资循环，通过推动中国投资，提高中国生产性服务业在全球服务中的地位，增加产能性服务。

与此同时，想要更好地实现“一带一路”目标，就要适时加

大沿海地区开放力度，打造内陆开放高地，形成东西合力、海陆并进发展的格局，推动双循环良性发展。

一、“三大战略”促进区域协同发展

2014年12月11日召开的中央经济工作会议明确指出，重点实施“一带一路”、京津冀协同发展、长江经济带三大战略，这将是我国新的经济增长带。

2015年3月28日，外交部、商务部和国家发改委联合发布了《推动共建丝绸之路经济带和21世纪海上丝绸之路的愿景与行动》。截至2020年底，我国已与138个国家、31个国际组织签署了201份发展建设“一带一路”的合作文件。

“三大战略”发展均有破竹之势，但其侧重点不同。

“一带一路”旨在适应中国在世界的国际地位和经济格局变化，重点在于对外开放。京津冀则是致力于解决长期以来存在的三地发展不平衡问题。长江经济带以建设全球最具影响力的内核经济带为目标，促进东西部联动发展、沿海沿江沿边实现全面对外开放，建设生态文明先行示范样本。

“三大战略”为区域发展带来了机遇和挑战，例如，重庆坐落于“一带一路”和长江经济带“Y”字形通道的交会处，是丝绸之路的重要经济发展点，是长江经济带的核心区域，也是海上丝绸之路的经济要地，其战略意义不言而喻。《重庆市国民经济和社会发展第十三个五年规划纲要》中指出，重庆要以长江黄金水道、渝昆泛亚铁路和新欧大通道为依托，全面浸润到“一带一路”和长江经济带战略中，在西部开发中发挥强有力的辐射作用。

近几年，重庆经济飞速发展，这与其完善的交通运输网密不可分。以“一带一路”和长江经济带为中心，发展公路、铁路、航天运输，加大网络密集度，搭建了从重庆出发至东亚、西亚和北美等地的运输网络。

二、“一带一路”建设中的时代领跑者：天津

天津虽不是“一带一路”沿线城市，但由于其独特的地理位置、优质的港口和发展迅速的自贸区，让它与“一带一路”建设有了密不可分的联系。

第一，津企势不可当。

天津这个中国北方城市，具有得天独厚的京津冀协同发展、自贸区和“一带一路”三重优势，天津企业发展的必然选择就是“走出去”，与世界融合。

具体来看，天津开展了与“一带一路”建设沿线国家的深度合作与交流，向巴基斯坦转移与钢铁、化工相关的项目；有序推进中蒙俄经济走廊建设；加大出入境货运力度，开设了苏伊士经济贸易合作区等。

第二，自贸区成为对外窗口。

随着经济发展，天津自贸区应运而生，带动京津冀乃至整个北方的发展。自贸区的体制不断创新、深化改革，创设更多试验田，港口运输成为天津经济发展高地，“21 世纪海上丝绸之路”航线已成为天津港海上航线网络的重要组成部分，由此可见天津在“一带一路”建设中有着天时地利的发展优势。

单打独斗快却短，合作协同行得远。天津以自贸区为发展基

础，顺势打通港口动脉，让企业与市场主体获得更多红利，不仅带动京津冀地区产业发展，也把改革红利延伸到“一带一路”沿线。天津港对中国形成东西联动、南北互通的深度发展格局起到了关键作用。

7.2 旅游企业：海外可持续发展

随着“一带一路”倡议持续升温，旅游企业加快“走出去”的脚步，迎来了新的发展机遇。

一、在线旅行社（OTA[①]）纷纷开拓海外业务

如今旅游企业在海外的局势主要有以下特点：

（1）用投资、合资和置换等方式进行海外布局；

（2）直采目的地资源；

（3）传统批发商资源；

（4）中小企业通过全球分销系统参与国际化；

（5）与旅游局或者目的地的供应商合作。

第一，携程。

携程董事局主席梁建章在亿欧“2017 中国互联网+新商业峰会”上表示，携程最终目标就是把业务做得更加全球化、国际化。当前携程发展的重点就是海外业务，但它还缺乏在全球各地的品

① OTA，全称为 Online Travel Agency，中文译为“在线旅行社”。

牌运营能力，这需要继续努力。

近些年，携程同西班牙、美国、澳大利亚、泰国等先进的酒店集团达成战略合作协议，已与超过120万家酒店合作，对接优质资源，共同发展。

第二，飞猪。

飞猪是阿里巴巴旗下的旅游企业，与同行相比，最大的优势就是有阿里巴巴在用户、运营方面的资源支持，还有云计算、大数据、电商等多重保障。飞猪继承了阿里巴巴的平台模式，主打年轻人旅行和出国游市场，连接了国内消费者和海外商家，已经和美国、加拿大、希腊、芬兰、意大利、新加坡等国家旅游局、30家航空企业建立合作关系。

第三，途牛。

途牛在海外市场的主要战略是与当地的旅游局合作，建立境外目的地服务中心，如今已经在巴厘岛、马尔代夫、东京、曼谷等地区建立了11家服务中心。

途牛与以色列和法属留尼汪大区旅游局达成战略合作，与迪拜旅游局签署了5年独家战略合作。未来，途牛计划在境外重点目的地建立分公司，并且抓住“一带一路”发展机遇对目的地资源进行深入采购，推出“丝路旅游”产品，实现高质量发展。

第四，美团旅行。

2012年6月，美团开始介入酒店团购，在2013年成立旅游事业群，于2017年2月宣布正式布局海外住宿业务。2017年4月，美团点评正式推出美团旅行品牌。如今，美团旅行已连接215个国家站、23万个海外酒店和10万条海外航线，分别与澳洲旅游局、丹麦大使馆等开展合作。

二、传统旅游企业积极参与投资

传统旅游企业的出海形式主要有设立海外分企业、与海外企业合作、投资并购等。

中国旅游集团以“一带一路”为背景，先后在英国、白俄罗斯建立企业，在海外建立7个签证中心，海外资产高达300亿元。

中国旅游企业在境外布局中遇到的困难多是落实成本高、人才资源缺乏、不熟悉当地行业环境等。旅游企业想真正顺利地出境并且有良好的发展，还要积极创新、勇于尝试。

从定制旅游来看，6人游、指南猫、无二之旅、辛巴达旅行等创新企业，通过与海外当地供应商合作，为用户提供高端私人的个性化旅游服务。

从旅游B2B来看，泰坦云凭借技术创新接入了全球30万家海外酒店；蜘蛛旅游通过和海外酒店平台进行资源对接拓展业务；属于我行集团的66hao，有三成员工在海外负责采购和地接服务。

综上所述，旅游企业想要在海外发展顺遂，首先要依托当地优质资源，和当地政府、旅游局、大使馆建立好联系。其次就是深入了解市场需求，踏踏实实地提高满足市场需求的能力，这样才能做到在海外可持续发展。

7.3 制造企业：跨国并购与投资

时移俗易，丝绸在国际化贸易的今天不再是稀有物品，但丝绸之路的底蕴仍在发挥作用。中国最初向外出口小商品，现在出口科技产品，与全球分享制造生产能力。再加上政策支持，一些高瞻远瞩的企业纷纷出海，最具代表性的是手机和家电制造业。

一、手机制造商的海外布局

伴随着移动互联网的普及，智能手机成为生活中的必需品。如今，国内智能手机几乎饱和，行业格局已经趋于稳定。根据互联网数据中心对中国手机市场的研究，小米、OPPO、vivo、苹果和华为手机占国内市场份额的76%。其他手机品牌完全无优势可言，只能把目光投向非洲、欧洲、东南亚等国际市场。

例如，与德和财富之舟是较早进入海外的ODM厂商。与德在孟买建立的工厂约4000平方米、库房有2000平方米，一方面提供电池、充电器、耳机等配件的印度本地化生产能力，另一方面提供手机组装、测试、维修等代工服务。财富之舟印度工厂在2015

年5月落成，7月投产，面积约1.75万平方米，包括10条包装线和22条组装生产线，每月可产250万台手机。

再如传音控股，它在成立之初便把目标市场定位于非洲，在尼日利亚建立办事处，随着不断发展又在埃塞俄比亚建立工厂，面积约8万平方米。

传音控股针对非洲用户肤色较黑的个性化，定制了专属摄像头；根据当地人能歌善舞的特点制定专属音乐功能，迅速赢得市场。据数据统计，传音手机在非洲市场覆盖范围非常广，占有市场份额的40%。

二、家电制造商的海外布局

与手机制造商相比，家电制造商的海外布局时间更早。

第一，海外建厂。

家电产品因体积大，长途运输价钱高，所以家电厂商在布局海外市场时，多选择在当地建立生产基地，降低关税和成本支出，保障价格优势。例如，1988年格力进入巴西市场，2001年在巴西正式建厂。2006年，格力在巴基斯坦开始投产生产基地，采取自有品牌和OEM合作的方式开拓市场。

第二，收购与并购。

家电企业开辟海外市场的另一途径便是收购海外家电企业的现有生产线。例如，2015年，海信收购夏普的墨西哥电视工厂。

再如，为了占领美国市场，海尔以55.8亿美元收购了美国通用电气；美的以292亿元收购德国老牌机器人企业库卡，提高了企业制造力。

7.4 文娱企业：用产品说话

随着时间的推移，“出海”本身被赋予了新的含义，人们把以前出海称为“硬出海”，多以输出硬件和工具类为主；把泛娱乐内容出海称为“软出海”。

如今，国内的文娱企业无论是从事动漫、影视，还是音乐、文学，都已经开始在海外布局，比较常见的出海方式是并购和产品出海两种。

一、并购

提到海外并购一定会想到万达，万达曾经以26亿美元的价格收购了美国AMC这个第二大院线，一举成为全球最大规模的院线运营商。随后，万达又以35亿美元并购美国传奇影业，成为好莱坞的第一个中国企业。后来，万达旗下的AMC继续并购海外影院，开始了除美国之外的首次院线投资。通过并购或者入股的形式开拓海外市场的企业还有中英动漫、美盛文化、阿里影业等文娱企业。

二、用产品占领海外市场

起点中文网的海外版正式发行，除了PC端外，还有IOS版和Android版。起点国际正式上线，为外国网友提供诸多网络文学，其主要以英文为主，未来会扩展到韩语、日语、泰文等语种，作品题材包括科幻、仙侠、游戏、玄幻等。

腾讯不只输出文学作品，其音乐媒体流也已经走出国门，其中在印度尼西亚、泰国、马来西亚、中国香港和南非五个市场处于领先地位，为用户提供播放、榜单、歌曲等个性化服务。

除此之外，我国以前都是单方面接收来自韩国、美国、日本的漫画，如今也开始向外输出国漫，其主要有漫画杂志刊载、平台网络连载和出版单行本三种出海形式。国产动画也有三种出海形式，分别是海外品牌授权、海外代理发行和海外渠道播映等。例如，向非洲、东南亚等国家输出较多的是奥飞娱乐的《喜羊羊与灰太狼》和华强方特的《熊出没》。

7.5 其他企业：借力“一带一路”占领市场

“一带一路”是具有历史印痕的轨迹，如今更是一次全新的征程。根据亿欧 2017 年调研数据统计，各个行业在“一带一路”上成就颇丰，如表 7-1 所示。

表 7-1 国内各行各业出海大型企业汇总

企业名称	成立时间	主要标签	出海区域	出海动作
大疆无人机	2006 年	黑科技	北美洲、欧洲、亚洲	海外分销
科大讯飞	1999 年	黑科技	亚洲、大洋洲	产品出口
小米科技	2010 年	黑科技	东南亚、欧洲、非洲、北美洲	海外分销
华为	1987 年	黑科技	欧洲、北美洲、大洋洲	海外合作、海外投资、产品分销
腾讯	1998 年	黑科技	北美洲、欧洲、亚洲、非洲、大洋洲	海外合作
滴滴出行	2012 年	汽车服务	欧洲、非洲、亚洲、北美洲、拉丁美洲	海外投资、海外合作
一嗨租车	2006 年	汽车服务	北美洲、欧洲	海外投资、海外合作
华大基因	2010 年	医疗保健	美洲、欧非、亚洲、大洋洲	海外分支机构

续表

企业名称	成立时间	主要标签	出海区域	出海动作
恒瑞医药	1997 年	医疗保健	欧洲、美洲	产品出口
美年健康	2005 年	医疗保健	欧洲	海外合作
爱尔眼科	2008 年	医疗健康	亚洲、美洲、欧洲	海外收购
迈瑞医疗	1991 年	医疗保健	北美洲、欧洲、亚洲、非洲、拉丁美洲	产品出口
宜华生活	2001 年	家居	欧洲、非洲、北美洲、亚洲、大洋洲	产品出口
得邦照明	1996 年	家居	北美洲、亚洲	产品出口
梦百合	2003 年	家居	欧洲、北美洲、大洋洲	产品出口
蚂蚁金服	2015 年	金融	亚洲、北美洲、欧洲	海外合作
百度钱包	2016 年	金融	美洲、欧洲、亚洲	海外合作
阿里巴巴	1999 年	零售	欧洲、北美洲、非洲、大洋洲、亚洲	海外合作、产品出口、分支机构
京东商城	2004 年	零售	欧洲、北美洲、大洋洲、亚洲	海外合作、产品出口、物流建设
阅文集团	2004 年	文体教育	亚洲、欧洲、美洲	海外授权、海外合作
掌阅科技	2008 年	文体教育	北美洲、亚洲（东南亚）	海外合作
今日头条	2012 年	文体教育	亚洲、美洲	海外收购、海外投资
新东方在线	2005 年	文体教育	大洋洲、欧洲、北美洲	海外分支机构
VIPKID	2013 年	文体教育	北美洲	海外合作
菜鸟网络	2013 年	智慧物流	北美洲、欧洲、亚洲	建设海外仓、海外合作
顺丰速运	2008 年	智慧物流	美洲、欧洲、亚洲	建设海外仓、海外合作
申通快递	1993 年	智慧物流	欧洲、北美洲	海外合作
携程	1999 年	生活服务	亚洲、欧洲、北美洲	海外合作、海外投资

续表

企业名称	成立时间	主要标签	出海区域	出海动作
途牛	2007年	生活服务	亚洲、欧洲、北美洲	海外合作、海外服务中心
同程	2004年	生活服务	欧洲、大洋洲、亚洲	海外合作（设立合资公司）
找钢网	2011年	B2B	亚洲（韩国、日本、东南亚）	产品出口
运满满	2013年	B2B	亚洲（东盟）	海外云平台、海外合作
慧聪网	2003年	B2B	亚洲（东南亚）	搭建国内外平台

一、黑科技、家居、医疗领域

黑科技原指凌驾于人类现有知识之上的科技，引申为人类世界观难以理解的猎奇物。出海的黑科技企业有大疆无人机、科大讯飞、小米科技、华为、腾讯。

大疆科技总部设立在深圳，也在欧洲、日本、韩国、美国分别设有体验店。同大疆科技的出海方式相同，小米是以印度为起点出口产品，逐渐扩展到全球范围。此外，早在2011年，新加坡的中小学生就使用科大讯飞的产品测评中文学习程度，新加坡技术部特别支持认可该项技术。

华为与全球45家运营商合作，进入全球41个国家和地区的前十名，尤其在欧洲市场已经形成强劲的竞争力。腾讯的腾讯云已经开放了29个服务节点，并且依靠自身的差异化优势屹立在全球化的云服务市场，不断输出腾讯游戏、社交、视频等复杂的场景和实践经验。不同于大疆科技，华为和腾讯除了选择出口产品外，还加强和海外品牌合作，实现技术共享。黑科技主要出海的区域为东南亚、北美洲和欧洲。

在家居领域，宜华生活、得邦照明、梦百合的出海方式均为“产品出口”。值得一提的是，宜华生活在德国、美国、澳大利亚、日本等国家注册了近百种商标，先后获得18项专利授权。如今，宜华生活在欧盟、美国、澳大利亚、日本等海外市场均出售自有品牌。梦百合在美国、英国、澳大利亚、日本等国家选择授权经销商实现外销，得邦照明向日本、美国、加拿大出售“灯泡球”类主打产品。

在医疗领域，像恒瑞医药、迈瑞医疗、华大基因、爱尔眼科等，它们的出海方式多是和海外品牌方进行技术层面合作和产品出口。

例如，华大基因从2010年开启“走出去”之路，在欧非、亚太、美洲相继建立了国际分支，医疗科研合作伙伴覆盖全球100多个国家和地区。国内知名企业恒瑞医药是首家对外转让创新生物药品的企业，把注射剂卖到了欧盟和美国。迈瑞医疗在30多个国家建立子企业，海外市场已经发展到190多个国家和地区。

医疗服务企业美年健康和凯辉中法基金签订了战略协议，在和欧洲医疗资源对接的基础上，为海外高端客户提供医疗服务，同时学习欧洲先进的诊疗技术、管理理念，更好地服务中国市场。爱尔眼科收购了欧洲巴伐利亚眼科，成为全球最大的眼科服务集团。

二、金融、物流领域

金融一直紧跟社会发展，备受关注。例如，蚂蚁金服于2015

年1月开始海外发展战略，投资印度支付宝。百度钱包在2016年借助泰国泼水节开启了境外支付新篇章。无论是百度钱包还是蚂蚁金服，它们都是与海外品牌建立合作关系，让自己的支付方式顺利进入海外，东南亚是其主要市场。

随着物流行业飞速发展，海外布局变得至关重要，以菜鸟网络、顺丰速运等物流大企业为例，菜鸟网络已经在欧美、东南亚、日韩、俄罗斯等地建立了海外仓；顺丰速运服务覆盖了美国、日本、韩国等53个国家和地区，其中南亚片区的覆盖范围已经超过90%。

近年来发展变化最大的行业当数零售业。阿里和京东是零售业的两大巨头，阿里云在德国、日本、澳大利亚和迪拜分别开设了数据中心。京东与多个国家建立国家馆，同时京东商城特别重视物流搭建。阿里致力于搭建海外数据平台，京东的侧重点则是搭建完善的境外物流。

三、文体教育、生活服务、汽车服务领域

与文体教育相关的大型企业包括掌阅科技、今日头条、阅文集团、VIPKID和新东方在线。阅文发展势头良好，已经在欧美地区授权了大量网络作品，并和日本动漫方开展合作，与亚马逊合作主打网文出海。掌阅科技与泰国原创出版公司红山出版集团合作，后者会把掌阅上的优质原创作品翻译成泰文供读者观看。今日头条以自营和收购的方式出海，业务已覆盖印度、巴西、日本和北美等国家和地区。

新东方在英国、悉尼设立分公司，成立时间较短的VIPKID也

在积极布局海外市场，与美国国家地理杂志达成合作。

如今，消费者对生活质量要求越来越高，偏好变化明显。在生活服务领域，例如，携程投资印度最大的旅游网站，途牛在巴厘岛、马尔代夫的服务中心开始运营，同程则基于“一带一路”政策，在沿线国家开发高质量旅游产品。

在汽车服务领域，无论是国内还是国外，互联网汽车服务都成为重点发展方向。例如，滴滴出行在2015年就入股了印度打车软件Ola、东南亚打车软件Grab和美国打车软件Lyft。一嗨租车通过其区域子企业的三大品牌——National Car Rental（纳仕国际租车）、Alamo Rent A Car（爱路美国际租车）和Enterprise Rent-A-Car（企业号国际租车），成为世界上最大的汽车租赁公司。

由此可见，国内各行业的头部企业均起到了良好的带头作用，在“一带一路”的基础上，积极为自己走出去谋篇布局。

第8章 签署自贸协定：互惠互利，融入区域经济一体化

- 2020年11月15日，在RCEP第四次领导人会议期间，15个成员国正式签署《区域全面经济伙伴关系协定》（简称RCEP），标志着目前世界上规模最大、最具发展潜力、人口最多的自由贸易区正式扬帆起航。
- RCEP是全球范围内最大的自贸协定，是成员国之间互利互惠的自贸协定。这符合“十四五”时期中国经济高质量发展的要求。

8.1 什么是 RCEP

一、RCEP 的内涵

2020 年 11 月 15 日，第四次区域全面经济伙伴关系协定领导人会议如期举行。在此期间，中国、日本、韩国、澳大利亚、新西兰五个国家以及东盟十国，共 15 个国家（如图 8-1 所示），正式签署了《区域全面经济伙伴关系协定》（简称 RCEP）。

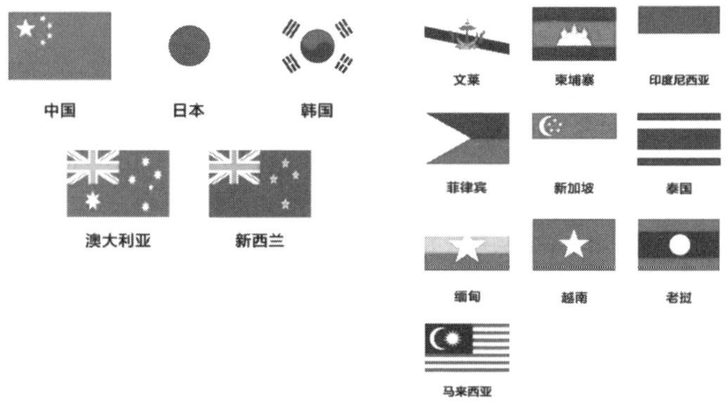

图 8-1　参与签署 RCEP 的 15 个国家

注：印度于 2019 年退出谈判。

RCEP 的两个显著特点是：

第一，人口最多，发起规模最大。

RCEP 协定由 15 个国家共同发起，从人口数量来看超过 22 亿人，占全球总人口数量的 1/3；从经济总量来看，占全球总量的 29%。与国际上其他区域经贸关系协定相比，RCEP 覆盖的人口最多，发起规模最大。

第二，速度最快，最具发展潜力。

RCEP 区域经济增长迅速，标志着东亚地区经济一体化进程加速。RCEP 协定主要涉及的领域包括服务贸易、货物贸易、电子商务、投资准入、知识产权、争议解决、经济技术合作、标准和技术、动植物检疫等。

根据规定，15 个成员国中，至少要有 9 个成员同时批准，一份协议才会生效。并且这 9 个成员国中，至少要有中国、韩国、日本、新西兰、澳大利亚中的 3 个国家及 6 个东盟成员国国家。其中，中国发挥着重要作用。这是因为中国具有庞大的市场、雄厚的资本、可靠的技术实力和优质的营商环境。

RCEP 协定的签署被认为是"东亚经济一体化建设近 20 年来最重要的成果"，意味着全球约 1/3 的经济体量正逐渐形成区域经济一体化的更大市场。具体签署前后的变化如表 8-1 所示。

表 8-1　RCEP 签署前后对比

签署前	签署后
五个"10+1"模式：东盟十国分别和五国签署协定	一个"10+5"模式，整合后建立新的经济体系
各国协议具体规则不尽相同，彼此进入不同国家则需要分别签署协定	各国在一个区域内统一规则，彼此进入其中一个国家无须分别签署协定

续表

签署前	签署后
存在一定关税和非关税壁垒	削减关税和非关税壁垒
货物贸易开放水平处于较低水平	货物贸易开放水平高达90%以上
新冠肺炎疫情影响成员国间的贸易投资	对服务和关键货物保持高度开放，各成员国共同抗击新冠肺炎疫情

签署RCEP协定，是东亚地区国家用实际行动维护多边贸易、实现经济一体化、对外开放的重要一步，对全球经济的维稳具有标志性意义。

二、RCEP的主要内容

RCEP协定的主要内容由序言和20个章节（见图8-2）、4个市场准入承诺表组成。

除了传统自由贸易协定中包含的服务贸易、货物原产地规则、贸易便利化、海关程序等议题，还包括电子商务、中小企业、竞争政策等此前在自贸协定中不常见的条款。RCEP比传统的自贸协定内容更加丰富，让各成员国在更多方面达成了共识。

从国际贸易的角度来看，RCEP比以往的自贸协定开放性更高，具体内容主要如下：

第一，服务贸易。

各成员国均在服务贸易方面做出了较高水平的开放承诺，其中，我国等其他8个成员国采用正面清单承诺，并将在协定生效后的6年内转化为负面清单，韩国、日本、新加坡、澳大利亚、马来西亚、印尼、文莱等7个成员国采用负面清单方式进行承诺。在我

目录

- 第一章 初始条款和一般定义
- 第二章 货物贸易
- 第三章 原产地规则
- 第四章 海关程序与贸易便利化
- 第五章 卫生与植物卫生措施
- 第六章 标准、技术法规和合格评定程序
- 第七章 贸易救济
- 第八章 服务贸易
- 第九章 自然人移动
- 第十章 投资
- 第十一章 知识产权
- 第十二章 电子商务
- 第十三章 竞争
- 第十四章 中小企业
- 第十五章 经济与技术合作
- 第十六章 政府采购
- 第十七章 一般条款与例外
- 第十八章 机构条款
- 第十九章 争端解决
- 第二十章 最终条款

图 8-2 RCEP 的 20 个章节

国现有的自贸协定中，RCEP 协定中的服务贸易开放承诺处于最高水平。RCEP 协定还要求各成员国共同努力改善整个区域内的营商环境，例如，尽可能提高国内服务贸易政策的可预测性和透明度。

第二，货物贸易。

除了关税减让承诺，RCEP 还引入了更透明的规则和更灵活的原产地规则，对贸易便利化、海关程序和卫生与植物、卫生措施等方面进行规范化管理，并引入技术性协商机制，以尽可能降低

成员国之间的非关税壁垒。

第三，投资。

在投资方面，RCEP 投资条款主要涉及投资便利化、投资保护、投资促进与自由化等议题。各成员国皆采用负面清单方式对农业、林业、制造业、采矿业、渔业 5 个非服务业领域投资高度开放，这也是我国首次在自贸协定项下以负面清单形式进行对外承诺。

第四，其他新议题。

在政府采购、知识产权、电子商务等新议题上，RCEP 除了要求各成员国提高透明度，避免成员国政府施加各种压力和限制外，还支持各成员国之间进行技术援助、提升自主建设能力，促进信息在区域内的传播。

作为区域内的贸易大国，中国在 RCEP 协定生效后，区域内 90%以上的货物贸易将在 10 年内逐步降税或立即降税至零，最终实现零关税。在这个过程中，中国能够更好地满足其他成员国的市场需求，提升自身的市场竞争力，形成新的战略布局，缓解来自外部不确定性的竞争。这对于那些能够把握住新的市场机遇的外贸企业而言，将迎来重大发展机会。

8.2 RCEP对我们的生活有哪些影响

一、RCEP协定释放出的信号

在RCEP协定中，最大的亮点是关税的降低，这意味着企业将大幅度降低生产、经营成本，服务及商品出口也变得更加便利。在区域内，各产业链之间进一步加强协作，有利于提高资源效率和劳动效率，为生产和经营者提供更广阔的发展空间。

RCEP释放出以下几个信号：

第一，降低、取消了非关税壁垒。

首先，RCEP各成员国重申了在《2015年12月19日关于出口竞争的部长级决定》中的承诺，其中包括取消此前计划的“对农产品使用出口补贴的权利”。

其次，RCEP各成员国通过磋商进行有效沟通与谈判，解决了诸多贸易纠纷问题；

最后，RCEP各成员国就进出口手续、费用和进出口许可程序提出了新的要求，促使相关政策和程序可预测、更透明，进一步降低、取消非关税壁垒。

第二，区域累积原则的使用。

RCEP 协定使用了区域累积原则，即产品原产地价值成分可以在 15 个成员国构成的区域里进行累积。通俗地讲，当一国确定出口产品原产地资格时，来自 RCEP 成员国的任何一方，其价值成分都可以被认定在内。被认定为区域原产，就可以享受相关的关税优惠政策。协定红利被释放的同时，协定优惠税率的利用率也得到显著提高。

第三，进出口贸易更加便利。

为了让各成员国之间的贸易往来更加高效、快速，RCEP 规定海关应简化通关程序，开箱检验货品应以“必要”与“合理”为原则。对易腐败的货品和快运货品，应争取在货物抵达后 6 个小时内通关放行。而为了加速通关，各成员国在货品抵达之前应主动进行申报，同时对相关税费、原产地、归类、估价等方面做详细说明。

第四，重视知识产权保护。

RCEP 协定更加注重对知识产权的保护。具体而言，充分尊重区域内不同成员国的发展水平，为促进区域内各国知识产权保护和协同发展，提出了更加开放、包容的方案。同时也对海关在边境保护中的职责做出明确规定，严厉打击假冒商标和盗版货物。

第五，电子商务的发展机会越来越多。

RCEP 第一次达成了水平较高、覆盖较广的电子商务准则，包括完善相关监管政策、保护在线消费者权益、促进各成员国之间电子商务合作，并继续维持不征收电子传输关税原则。这一系列内容不仅为电子商务的发展提供了健康的环境，也为加强各国在电子商务领域的合作提供了强有力的制度保障。

第六，降低了中小企业的贸易门槛。

基于第一条，RCEP 降低、取消了非关税壁垒，有利于区域内各成员国之间建立公平、透明的贸易合作环境。环境好了，政策和优惠多了，小企业的准入门槛自然降低了，这让那些中小企业在对外贸易方面获得了更多的发展机遇。

RCEP 协定释放了如此多的红利信号，无论是作为普通消费者还是投资者，都将受到其影响。

二、RCEP 协定对消费者的影响

从消费者的角度来看，RCEP 协定签署后将为消费者提供更多的福利，例如用更低廉的价格购买到更优质的产品，更好地满足“人们对美好生活的向往”。

第一，物美价更廉，购物更简单。

由于关税的减免，会有更多来自其他成员国的优质产品，以更低价的关税进入中国市场，让消费者购物更便宜、更简单。足不出户就能享受“海淘”一般的服务。

第二，出国旅游更便利，成本更低。

在出国旅游方面，各成员国将陆续出台各种优惠政策，例如餐饮配套消费优惠、免签、落地签等，让消费者花费更低，出国更便利。

三、RCEP 协定对投资者的影响

从消费角度而言，RCEP 协定最大的利好是以后买进口商品更便宜了。从投资角度而言，RCEP 的签署，将使相关的主题迎来投资机会。其中，我国与日本首次达成双边关税减排，有利于增强市场对经济复苏的信心。从市场盘来看，受益的行业有服装纺织、石油化工、汽车零部件、建材、轻工、农产品等。由于减税政策是双边的，这对我国的优势行业而言是机遇，对弱势行业而言则是挑战。接下来，我们将继续探讨 RCEP 对企业的影响。

8.3 RCEP对外贸企业的影响有哪些

一、RCEP对外贸企业的影响

RCEP协定覆盖了更多国家，比此前的双边协定含金量更高。

在货物贸易方面，15个成员国通过两两出价的“双边”方式，约定区域内90%的货物在协定生效后，在一定时期内终将实现零关税。随着各国贸易往来，未来也不排除会有95%甚至更多的产品被纳入零关税的范围内。这对外贸企业而言是重大的利好。

此外，在区域内形成统一的自由贸易区，有利于加速区域内的商品流动、服务流动、资本流动、技术流动、人员流动等，逐渐形成“贸易创造”① 效应。

我们以服装行业为例：

在没加入RCEP之前，如果越南要向中国出口服装，就需要按照规定交关税，但加入了RCEP协定后，区域价值链开始发挥作用。

① 贸易创造，是指成员国之间相互取消关税和非关税壁垒所带来的贸易规模的扩大。

中国今后可能会从新西兰、澳大利亚进口羊毛，那么未来进口羊毛就可能免税。进口以后，这些羊毛在中国被织成布料，接着这些布料可能继续出口到越南，而越南再加工这些布料，做成服装后继续出口到中国、日本、韩国等国家，只要是区域内的成员国，都可能免税。

在这个过程中，区域内所有企业都有机会参与原产地的价值累积，不仅能促进当地服装纺织业的发展，解决当地就业问题，对于促进区域内贸易也有很多好处。

从某种程度而言，这种累积规则具有一定的排他效应，区域外的企业逐渐被排除，越来越多的企业更愿意在区域内进行交易。这一逻辑很简单，假设你想投资某家企业，如果这家企业在这个区域内关税为零，那你自然更倾向于投资这家企业。因此，“原产地累积规则”带来的最大正向效应是带动了区域内的贸易与投资的增长，这也是 RCEP 协定对区域内每个独立经济体最大的益处。

二、中国加速推进 RCEP 协定落地实施，助力中小企业发展

自从签订 RCEP 后，中国开始加速推进 RCEP 协定的落地实施。

2021 年 2 月 3 日，国务院总理李克强主持召开了国务院常务会议，一方面，听取了 RCEP 签署生效后相关工作的落实情况；另一方面，进一步完善和部署扶持中小企业的相关政策，提升中小企业的参与度和活跃度。

截至 2021 年 2 月，我国对 RCEP 协定中涉及的 701 条约束性义务，已经履约了 85%，同时对下一步如何应对新的机遇与挑战

做出了全面部署。例如，开放服务业、制造业，完善相关规则、制定好提升标准；针对 RCEP 中的规则，加大力度推进国内制度的改革，并做好技术性的准备，为 RCEP 协定落地生效保驾护航；另外，通过培训帮助中小企业熟悉 RCEP 协定内容，提高国际合作与竞争的参与度，早日实现转型升级。

8.4 企业如何借力 RCEP 乘风破浪

在由 15 国统一建立的庞大区域市场内，消除贸易壁垒、降低关税、优化资源与要素分配、重构国际分工，一系列新的政策将会给各国成员带来更多发展机遇与多重红利，同时成员国也会面临来自劳动力、产品、服务、金融等市场高度开放后的竞争压力和冲击。企业应站在国际视野的高度，壮大自身，以不变应万变。

一、RCEP 对中小企业意味着什么

第一，越来越多低效能的企业将被淘汰出局。

在 RCEP 协定中，“90%的产品逐步实现零关税”，这对中小企业而言既是好消息也是坏消息。

好消息是，中小企业资本有限，有了这条规定，企业就可以用更低廉的成本从他国进口产品。

坏消息是，国际贸易更加开放、自由，各国之间阻力越来越小，尤其对于那些做进出口贸易的外贸企业而言，竞争在逐步加剧，那些低效能的企业将被迫出局。

第二，新的竞争环境倒逼行业重新洗牌。

基于上一点，低效能企业将出局，高效能的企业将生存下来，这会倒逼各行业重新洗牌，唯高效率和高品质才能让企业脱颖而出。

此外，重新洗牌还会倒逼社会进一步大分工。最直接的表现是区域产业链的重构，价值链分工体系更加细化，那些跨国企业会将生产部门放在最能与之匹配的成员国。当新的大分工到来时，企业拼的是聚焦性，越聚焦越专业，越细分越强悍。这给企业和企业家都带来新的挑战。对企业来说，要深度理解超战略——聚焦、做好差异化服务、把产品做到极致等。对企业家来说，要具备"断舍离"精神——卖掉无用的东西，断；对那些无法卖掉的东西，舍（关闭）；对那些弃之可惜，留着又无用的东西，离（重新思考是否有重组的必要）。

第三，企业人要和产能一起"走出去"。

RCEP 协定中还有一条规定：来自区域内各国的投资者、合同服务的提供者、企业内部流动人员、随行的配偶或者家属及其他各类从业人员，符合条件者均可获得在成员国的一定居留期限，同时享受签证的便利条件，准许开展贸易投资活动。因此，企业在提升产能的同时，自身也要尝试"走出去"。

二、机遇与挑战并存，企业应及时调整战略

东南亚的农产品，如水果等，一向以质优价廉著称。在 RCEP 协定签署后，可以预见未来会有大批的东南亚水果涌入国内市场，这势必对国内的农产品造成一定冲击，加速我国农业企业转型。

为此，从事农业的外贸企业应密切关注 RCEP 协定签署后的政策变化，及时调整战略以适应新的变化和挑战。

第一，从事生鲜、农产品进出口贸易的企业应提前了解货物信息，配合海关的监督，准确申报，以便享受更多的政策红利。同时也要在平时做好政策宣讲工作，提升团队的实践水平，对海关的督导做出预判。

第二，企业应在熟悉 RCEP 协定内容的前提下，加强对原产地相关政策的了解，重视原产地、审价、归类等技术问题，以便更好地享受 RCEP 协定中的一系列关税减免优惠。

第三，企业若在进出口贸易过程中遇到问题，应及时向区域内当地部门求助，以合法合规的方式处理问题。

第四，RCEP 协定签署后，在落地实施阶段会陆续对以前的政策进行修订，企业应及时关注与政策有关的新动态。

第9章 聚焦服贸会：数字经济赋能，服务贸易转型升级

- 在全球新冠肺炎疫情尚未完全解除之时，中国严抓防控成效显著，开展服贸会，提供促进国内国际互惠共赢的契机，对“十四五”时期企业发展起到积极的推动作用。
- 服贸会是服务贸易领域的综合性展会，促进各企业分享业务成果，寻求新的合作商机，推动社会各界抓住机遇，发展壮大。

9.1　服贸会：加速全球服务贸易转型的新引擎

服贸会，全称为中国国际服务贸易交易会，也就是以前所说的京交会，是全球唯一一个国家级的具有国际综合性的服务贸易平台。从2012年起，服贸会每年5月28日在北京举行。

2020年因疫情原因，服贸会于9月4—9日在北京国家会议中心举行。遵守防疫相关规定，本次会议采用线上与线下相结合的方式进行，来自全球148个国家的近10万人参加本次会议。会议主题是“全球服务，互惠共享”，从数字化文创、绿色服贸、科技创新和5G等领域展示中国的重点成果。

在文化服务领域，打造以创意为突破口的文化盛宴；在教育服务领域，将数字技术全面应用于教学中的各个环节；在金融服务领域，致力于展现数字金融的创新之变；在旅游服务领域，呈现旅途个性化、分散化、定制化、预约化转型；在5G通信服务领域，进一步融合智慧城市和健康医疗等应用场景。

2021年，服贸会于9月2—7日在北京国家会议中心和首钢园区举办。在短短5天的展会中，服贸会以“数字开启未来，服务促进发展”为主题，聚焦数字服务贸易未来发展趋势，引来了全球优秀企业的目光，各方代表在北京共商合作，探讨商机。此次服贸会共设置了约 13 万平方米的展览展示、上百余场论坛及洽谈会议，让与会者无不感受到了科技感、时尚范儿与文化气息。如今，尽管服贸会已经圆满结束，但其深远的影响却未曾落幕。

在国家会议中心展区，我国国药集团旗下中国生物在展会上展示了三款诊断试剂、两款特效药以及四款新冠疫苗；在唯一一个以跨省域协同发展为主题的展区，有一棵茁壮的大树，预示着京津冀协同发展；在 2021 年的数字故宫体验专区，已有 600 多岁的故宫在数字技术的加持下，文物们在观众面前"活"了起来；在金融领域，中国银行的工作人员介绍了数字人民币的使用方法与应用场景；在这次服贸会上，华为带来了"城市智能体"解决方案，提升企业生产效率和行业的创造力；在文化领域，首钢园打造了"大戏看北京"京剧文化 IP，同时用科技+文旅的手法表现出来，让与会者首次体验到了沉浸式京剧文化。

一、中国为何在"特殊时期"举办服贸会

中国在 2020 年、2021 年，坚定不移地举办服贸会，充满挑战的同时也展现了中国对外开放的决心。那么中国为什么要举办服贸会呢？

第一，使服务贸易早日走出困境。

习近平主席在 2020 年服贸会上致辞说："中国克服重重困难，举办这样一场重大国际经贸活动，就是要同大家携手努力、共克时艰，共同促进全球服务贸易发展繁荣，推动世界经济尽快复苏。"服务贸易受疫情冲击最大，如果能早日繁荣就能早日减轻疫

情对社会造成的损害，世界经济便能早日回暖。

第二，服务贸易的作用举足轻重。

和“一手交钱，一手交货”的货物贸易相比，服务贸易发展飞速，已经实现了超越。在服贸会上致辞时，习近平主席明确指出服务贸易是国际贸易的重要组成部分，是各国经贸合作的重要领域。随着疫情肆虐，在线教育、远程办公、共享平台、跨境电商等服务被广泛使用。

第三，中国服务与中国创造并驾齐驱。

中国的“北上广”三大盛会各有所长。上海进博会的重点在进口，北京服贸会的重点在服务贸易，广州广交会的重点在出口。中国想要推动进口和出口、服务贸易和货物贸易协调发展，三大盛会尤为重要。三者相互促进、共同发展，对形成双循环发展的新格局起到积极的推动作用。

二、“中国服务”如何在变局中开新局

世界经济一旦动荡不安，不稳定因素就会越来越多，我们要在危机中寻求新的生机，在变局中寻求新的开始，对于服务贸易也是如此。中国是服务贸易大国，对世界经济复苏的影响不可估量。

大力发展服务贸易是建设开放型经济的内在要求和原动力。开放服务业有利于提升我国的国际竞争力，更好地融入全球经济。

中国会继续主动扩大优质服务进口，放宽服务业市场准入，组建全球贸易联盟，大力促进数字经济、共享经济发展，保护知识产权。

我国的数字服务、金融服务、5G 建设具有相对发展优势，在

这个基础上服务贸易能够保持稳定增长。这些行业原本就具有高成长性，疫情期间又有很亮眼的“抗疫性”，为今后推广普及“无接触服务”提供了更多可能性。

扩大服务贸易会引起世界贸易格局的变化。在疫情环境下的服务贸易，对知识产权保护、产品附加值提升、贸易规则的应用都有更高的要求。国内服务贸易供应商想要掌握主动权，就要有面对变化做出快速反应的能力，能对自身业务和管理进行优化。

目前，全国已经建立了28个服务贸易创新发展试点，在远程教育和医疗、数字服务、5G等方面颇具竞争力。中国已经具有成熟的条件来建立更多、更大的地方服务贸易试点。

在如此特殊的情形下举办中国服贸会，既能展现中国对外开放的信心和决心，又能形成发展经济的新支点，这是中国服贸会举办的最大意义。

9.2 服贸会对“十四五”时期有哪些重大影响

一、服贸会是促进“十四五”规划落地的重要推力

在全球疫情尚未得到全面控制的前提下，中国克服诸多困难举办服贸会，用实际行动完美践行了“全球服务，互惠共享”的主题。多部委在服贸会期间发声，释放的主要信息是：其一，降低中国服务贸易门槛，服务贸易将成为重要抓手，致力于扩大对外开放、建设服务贸易强国。其二，我国将努力发展数字经济，带动服务贸易数字化的发展，在服务贸易发展的赛道上高速前行。

想要让国内国际市场畅通发展，就要充分挖掘并利用国内市场潜能，而扩大服务市场则是实现双循环、促进“十四五”规划落地的关键点之一。全球疫情持续扩散，世界经济低迷，国际需求缩水，中国在此时敞开国门欢迎各国的优质服务，推动服务贸易发展。这不仅为产业升级提速，更是为困境中的企业带来新的利润增长点。我国强调共享经济发展，加快数字领域国际合作，快速实现新旧动能转化，在新的国际竞争中占据优势。

通过开放市场引入更多优质高效的服务，充分挖掘医疗、养老、旅游、教育等服务消费潜能，这是促进“十四五”规划落地的重要推力。

二、基于“十四五”规划，开创对外开放新格局

近几年，我国开始进入全服务经济时代。发达国家便是以服务经济为主导，服务贸易在国际贸易中的占比较重，因此扩大服务贸易对我国“十四五”发展格局有着深刻的意义。“北上广”的三场盛会，也伴随着中国对外开放的脚步进入不同的阶段。

在“十四五”时期，中国经济向高质量转型，急需提高服务贸易质量。跨境交付、商业存在、自然人流动和境外消费是服务贸易的四种模式，从本质上说，服务贸易涵盖了贸易、消费、投资要素的流动，是我国经济增长的新引擎。

习近平主席在2020年服贸会上的致辞中曾倡议：各国要加强服务贸易发展对接，创新合作方式，深化合作领域，积极寻求发展利益最大公约数，不断做大“蛋糕”。我们要顺应数字化、网络化、智能化发展趋势，共同致力于消除“数字鸿沟”，助推服务贸易数字化进程。

9.3 服贸会引领数字服务贸易新风潮

“十四五”时期，中国服务业的两个发展重点是：第一，做好自己统一的大市场；第二，提高开放质量。高质量对外开放的关键在于服务贸易，而数字贸易则是服务贸易高质量开放的重点。

无论是2020年还是2021年的服贸会，数字贸易、数字经济都成为聚焦词汇。服贸会展示了大量数字化应用的新产品、新技术，多个论坛跟帖数字经济话题，深入讨论数字经济对“十四五”时期的影响。诸多企业、学者和科研机构都非常关注数字技术的应用以及它对贸易发展的深刻影响。

一、数字贸易崛起

数字贸易会促使我国对外开放朝着更高水平、更深层次方向发展，促进形成“中国方案”。数字贸易是数字技术和社会、经济深度融合的产物，一方面能够通过数据流动共享强者之间的技术要素，引领各产业有机融合，促使传统企业数字化转型，向高价值链延伸；另一方面数字技术带来了颠覆性的创新，催生了大量的新模式、新业态，提升了中国在全球价值链中的地位。

中国联通在2021年的服贸会上设立了四大板块，分别为“数字政府”“数字民生”“智慧冬奥”“智慧生活”，共展出了23件作品。以下几项“数智赋能”充分体现了2021年服贸会“数字开启未来，服务促进发展”的主旨。

第一，数字大屏。

中国联通通过视频播放“百年建党、百年辉煌”，通过数字大屏展示了历年党政重大活动，以及联通为这些活动提供重要通信服务保障的发展历程。

第二，数字民生。

这一板块主要展示了智慧政府、交通、生态、旅游、医疗等多个领域的产品案例和相关配套服务，例如智慧防护一体机、平安社区等。

第三，数字乡镇。

为响应乡村振兴的国家战略，中国联通专门针对农村市场设计研发了服务管理平台，通过信息技术推进农村的信息化建设，从而提升我国乡村治理水平。

第四，智慧冬奥。

在这一板块，与会者可以通过佩戴MR眼镜，在短时间内浏览中国联通推出的5G终端设备，通过AR的方式体验5G场景下的冬奥应用。

第五，数字人民币。

在这一展区，中国联通放置了一台自助咖啡机，并搭载了中国联通物联网数字人民币模块，消费者在使用载有数字人民币钱包的5G SIM卡时，无须打开APP，更无须激活手机，即便在手机黑屏的状态下也可以“一触即发”完成支付。

二、数字贸易对“十四五”时期企业发展的重要作用

第一，数字技术催生新商业形态。

如今，数据是重要的生产要素。数据流动带来的人才流、技术流、资金流，促使资源有效优化和整合，提升生产率，对民生改善、社会进步、经济发展和国家治理都有深刻影响。只有顺应数字化发展潮流，以消除“数字鸿沟”为己任，才能大力推动数字化进程。

扫码下单后，已经将咖啡师调制动作“熟记于心”的机器人，正在有模有样地调制香浓咖啡；端坐室内，就可以把操作行为转化为信号，实现汽车无人驾驶；拿起吉他，就可以和远在海外的朋友联合举办一场音乐会……在服贸会上展示的数字产品和服务，背后都有无数数据的支撑。

网络教育、网络购物飞速发展，数字化贸易和解决方案逐渐普及，大众的消费习惯已经改变，推动了全球数字时代的到来。

数字技术促使文创产业发展，使动漫、影视、游戏、网络文学等领域实现联动协作，产生了巨大的能量，这是单一事物无法创造的影响力。

第二，打破贸易壁垒是发展数字贸易的前提。

推动数字贸易发展除了要突破技术瓶颈，还要消除人为壁垒，共同创造开放包容的合作环境。其实举办服贸会的本意就是为了

搭建平台，拆除行业壁垒，谋求共赢发展。

在2020年服贸会上，卢旺达作为为数不多的举办专场投资贸易洽谈的非洲国家，依托于数字贸易的发展打开了全新的经贸合作格局，为非洲国家和中国合作提供更多的想象空间。卢旺达驻华大使莫尼奥说，电子商务可以让消费者与生产者联系更紧密，缩短中间环节，让中小企业多收益。卢旺达已做好准备和中国展开全新的深度合作，使中小企业借此机会融入全球市场。

在数字化时代，一个跨国企业的未来不只是取决于它有多么强的制造力，还取决于其能否提供更多的优质服务。中国服贸会是专门为服务贸易搭建的集国际性、综合型于一体的展会和交易平台。习近平主席提出了我国与全球服务业展开合作的多项倡议，为我国服务贸易发展指明了创新的方向、合作的方向和开放的方向。在“十四五”的开局之年，全球新冠肺炎疫情形势仍不容乐观，而在国内疫情反复的背景下，我国依然如期举办2021年服贸会，这体现了我国推动高水平开放的信念，同时彰显了我国支持全球抗疫合作、推动中国与世界经济贸易尽快恢复的国之大者的担当。

9.4　从服贸会看企业未来发展新动向

一、服贸会上勾勒出的未来图景

未来的生活是什么样的？2020 年服贸会让我们看到了一幅未来图景。观影者不用佩戴任何装备就能欣赏 3D 电影；音乐迷可以带上 VR 眼镜，仿佛置身在现场观看演唱会；“宅家族”只需要说几句口令，便能喝到机器人冲泡好的咖啡……

服贸会上的新科技引人驻足，让人们“遇见”美好，期待未来。

在服务机器人展区，大家被一个名叫“金宝”的机器人吸引着，它是壹佰米机器人技术（北京）有限公司面向居家康养的智慧机器人。刘强作为企业创始人，他深刻地了解到中国老龄化严重，独居老人越来越多，他们需要陪伴、辅助生活和健康管理的智能机器人。未来，该公司还会提供老年人运动辅助、家庭档案管理等急需服务。

通过本次服贸会，我们能够看到掌握未来的不是某个单品带来的便利、智能、高效与环保，而是整个生活链条的高质量服务。

二、服贸会推动外贸企业高质量发展

如今世界经济低迷，服务贸易是这下行经济中的一缕暖阳，也是推动我国外贸企业高质量发展的新动力。未来，我国的服务贸易有哪些新动向？

第一，电子商务。

疫情下，电子商务成了振兴经济、保障民生的新动能，未来，无人零售、直播带货、无接触配送会有更广阔的发展空间。

商务部正在积极培育新业态，包括引领电商与传统制造业合作，实现产品升级；鼓励中小企业立足于新市场，培育优质的网络品牌；加快新模式的应用和推广，探索可持续发展的扶贫模式等。

商务部电子商务司副司长贾舒颖说，商务部会围绕电子商务发展，建立更适应市场发展的治理体系，加快推进贸易数字化进程，培育一批极具创新性、服务性的应用企业，深入开展电子商务的基础示范活动，建立"扶贫直通车"，开拓新的发展空间。

第二，金融服务。

金融服务作为全球服务贸易的重要组成部分，已经逐步形成我国对外开放和经济发展的新动力。

中国人民银行副行长陈雨露表示，想要让金融业更好地服务新发展格局，就要坚定不移地进行供给侧结构性改革，建立健全有效的竞争机制和现代金融体系，建设高质量开放型的金融新机制。

此外，中国人民银行也努力创设更好的环境为金融科技发展助力。

中国银保监会周亮说，接下来会引进更多极具特色且专业的外资金融机构来华发展，鼓励中外机构在管理、人才、业务、产品等方面高水平合作，深化“一带一路”金融合作。

国家外汇管理局副局长陈薇说，外汇管理部门会采取一系列措施，例如，提升跨境贸易投资自由化便利化水平、稳步扩大金融市场的双向开放和互联互通、稳妥有序推动资本项目的可兑换，坚持完善对外开放产品体系，提高双向开放水平。

第三，百姓新消费。

教育部国际合作与交流司司长刘锦说，新形势下，教育部将深化拓展与各国教育领域的交流与合作，为推动建设人类命运共同体贡献力量。例如，全力支持海南自由贸易区、长三角地区、粤港澳大湾区等先行开放教育试点，高质量打造对外开放高地。

国家中医药管理局国际合作司副司长朱海东表示，国家中医药管理局会在中医药出口方面加强建设，支持国内中医药贸易机构开展远程医疗和教育活动，在满足国际需要的同时带动国内健康服务发展，降低中医药国际市场进入标准。

文化和旅游部部长胡和平说，旅游业“十四五”规划的核心是以高质量发展为主，谋划一些重大的举措、项目和政策。他倡议要以安全为前提，要有序恢复旅游市场，并且要充分利用大数据、云计算、5G、人工智能技术发展智慧旅游，开展错时错峰出游，提升旅游质量。

第10章 双击未来：中国经济新业态及投资机会初探

- “十四五”时期的新经济具有在线、智能、交互、跨界等特征，通过全面深度融合制造业、生产性服务业、生活性服务业，企业的新供给模式、消费者的新需求模式、经济的新增长模式等应运而生。
- 新业态的不断涌现、消费市场新空间的拓宽、新就业的创造、数字化的发展等都是中国经济出现的新趋势、新机遇。逐渐涌现出的新经济增长点、经济新业态和新模式日益成为中国经济发展的新亮点，并不断释放着发展的活力。

10.1 正在塑造新生活与新生产力的数字经济

近年来，物联网、移动互联网、大数据、云计算、区块链等新一代信息技术的突破和融合，推动了数字经济的崛起，开启了数字经济时代。数字经济已渗透和应用到生活、生产的各个领域。数字经济的发展速度和规模都是前所未有的，数字技术应用的不断成熟和经济高质量发展的需要，使得数字经济已成为未来经济的主要驱动力。同时，数字经济正在渗透人们生活中的点点滴滴，使人们的生活需求得到更好的满足。

一、我国数字经济发展未来可期

继农业经济、工业经济之后，数字经济成为新的历史阶段。从要素构成看，数据资源已超越了传统的土地、劳动力、资本等经济生产要素，成为极为重要的生产要素，“数据”被称为“数字时代的石油”。据中国信息通信研究院预测，到2025年我国数字经济规模将达到60万亿元，数字经济已成为未来经济高质量发展的新引擎。数字经济有着原有经济难以比拟的突出特性——虚拟性、开放性、交互性、无限性、指数性等，创造出了新的生产生活方式，开辟和塑造着空间格局。

二、数字经济塑造新生活与新生产力的路径

数字经济带来了众多新的发展动力和发展机遇，数字技术提升了制造品质和效率，使企业走向辉煌；互联网的高速发展，提供了更为便捷的生活服务，提高了信息活动的质量；城市规划建设日益完善，城市越来越智慧化。那么，数字经济有哪些塑造新生产力和新生活的路径？

第一，可重置。

数字经济的魅力来自它对原有经济活动的改造、重组功能。首先，改造功能主要表现在对原有产业的融合、渗透、扬弃和整合。数据上升为一线要素，而原本相当重要的资本、劳动力等退居“二线”，这个变化引发了经济社会的变革，标志着世界进入大变革时代。其次，重组功能。数字技术贯穿在经济发展的每个阶段，在赛道上不再只拘泥于“弯道超车”，也可以通过“换道超车”实现自我突破。

数字技术发展预示着原有的传统发展模式被打破，平等的发展环境和跳跃式的发展模式应运而生。在以前，受制于各种条件，发展不能跨越进行，而在新技术加持下，数字经济提供了可以“弯道超车”的发展平台。对于创业型企业而言，场地、办公楼、原材料等已经不再是最重要的，知识技术和思路、最新资讯成为大家争夺的核心数据资源。数字经济依托于信息、数据、技

术和知识，呈现出高效集约的经济增长态势，进入市场的门槛逐渐拉平，偏僻的落后地区可以直接实现质的飞跃。

第二，可引领。

技术的不可替代和先进性决定了数字经济的引领机制。首先，技术在不断创新，数字经济高速发展，突破时空的限制，推动各企业向前发展。其次，数字技术与仿生、传感、处理、智能、控制技术紧密结合，形成前所未有的智慧社会、智慧城市，大大提升了生产力水平，这是一次关于生产方式的重大变革。

第三，可共享。

数字经济交易方式更加主动与透明，打破了原来传统的市场规则，市场主体地位凸显。

得益于数字经济的开放性，产生了共享机制，带动了更广泛的市场主体参与社会生产。这样一来，个性化的按需生产不再是天方夜谭，企业可通过数据精准用户画像，利用平台改造实现精准产品销售，抢夺市场先机。共享机制具有开放性、外部性、零成本、整合等个性特点，这种新的生产方式对于降低交易成本、开拓新的消费市场、实现资源优化配置起着至关重要的作用。

第四，可倍增。

数字技术，就是在高速运营的虚拟空间，信息传递以光速进行，数据的处理、传输和决策速度大大提升，经济成果实现质的飞跃。数字经济成倍递增，指数增长机制打破了原有的生产方式，势必会引起产业体系的重组和创新。当然这一切也颠覆重塑了经济发展理论。

10.2 被偶然引爆的“云经济”

2020年伊始新冠肺炎疫情突袭，让人们措手不及，也催生了“云”现象，例如，“云办公”“云教育”“云招商”“云调节”“云经济”……进入了万物皆可“云”的时代。

一、引爆“云经济”背后的原因

“云经济”看似是突然出现的概念，其实不然，它是在我国长期政策指导、不断完善的信息基础设施、数字经济高速发展过程中形成的。“云经济”想要持续健康发展，既要突破芯片产业和信息基础设施的短板，也要不断提升行业标准，让发展更具合理性与安全性。

目前“云”概念呈百家争鸣的态势，业界和学术界尚未对“云经济”做明确且统一的阐述。最早是在2006年提出“云计算”，随后“云”类技术和商业活动不断推进，“云经济”已经衍生成一种经济形态，覆盖了生活中的各个领域。

“十四五”时期，随着我国数字化发展，国家大力推广“云计算”，“云经济”已经悄然崛起。“云经济”的到来是历史发展的必然产物，有如下必然性。

第一，政策推动。

国家政策强力支持是“云经济”发展的基础。近几年，政府不断出台新政策推动企业走上“云”端，也成为衡量一个企业升级转型的重要切入点，促进了各地云计算的快速发展。截至2020年，已新增100余万家企业上“云”，主要集中在广东、山东和江浙地区。

随着我国经济深入转型，“云经济”已经进入生产、公共服务、民生等领域。在通信设备、智能终端、应用软件、高性能计算机领域取得重大突破。智能智造领域因为云技术不断升级，最早提出了云制造理论。智慧医疗领域也正大力发展远程医疗服务。

第二，日趋完善的信息基础设施建设。

我国高速光纤网络不断升级，基本建成了先进的无线宽带网，这为“云经济”爆发提供了基础支撑。目前我国已经拥有最大的4G网络，正在积极部署5G网络建设。

第三，数字经济迅速发展。

我国数字经济飞速发展为“云经济”提供了新动能。得益于数字化发展，“云经济”作为其重要组成部分也获得了有效发展。在网络直播产业，游戏、体育、演唱会等直播增长较快，吸引了大批主播，“云逛街”的可行性越来越强；在远程办公领域，我国移动办公成为一种新趋势；在线教育开启了线上线下相结合的新型教育方式；在网络游戏产业方面，游戏中的支付、运算、数据等环节广泛使用“云服务”，大大降低了用户对CPU和显卡的要求。

第四，云计算逐渐形成产业链。

“云计算”是云经济发展的根本动力。如今，伴随云计算和电子产业发展，中国成为云计算发展速度最快的国家之一。我国在提高产业技术水平和市场规模方面更加重视上游产业链的核心部分。云生态发展迅速，涌现了腾讯云、阿里、华为等在云计算方面举足轻重的企业。云计算不断升级进步，云生态始终和谐发展，成为“云经济”发展的强大动力。

二、“云经济”面临的重重挑战

第一，“芯脏病”。

众所周知，芯片是一个信息产业的核心所在，但却是我国的发展软肋，“芯脏病”一直存在。在云计算中，芯片是产业链上游，能否自主研发芯片直接影响云计划的实施。

目前芯片多来自国外。如今国际局势复杂多变，我国仍需要大力研发芯片，达到自主控制才能保障“云经济”安全稳定发展。

第二，新一代信息基础设施没有全面普及。

新一代信息基础设施建设往往具有高速、移动、安全的特点，但是这种基础设施还没有达到全面普及，像超速光纤网络、5G 等仍处于起步阶段，需要更大规模建设。

虽然 5G 用户与覆盖范围都在扩大，但大多是在城市外的重要区域。目前直播教育会面临内容延迟、交流互动少、画面卡顿等信息，这也说明新一代的信息技术还不能全面满足“云经济”的发展。

第三，“云经济”面临的内在挑战。

安全、合规与标准时刻影响着“云经济”发展，建设云计算标准对云经济持续健康发展起着重要作用。虽说我国已经建立了国家标准，技术格局已基本稳定，但是尚未建设与云计算相关的产业服务和应用标准。此外，现阶段我国云计算发展最重要的是对数据和隐私的保护、增加安全性能，缺乏信任度和安全是阻碍行业走上“云”端的最重要原因之一。

所以，我国要加强对“云经济”中的企业和个人信息的保护，制定相关的网络信息安全法律法规，用法律保护用户，推动“云经济”持续健康发展。

10.3 “宅经济”引领人们重新发现生活价值

2021 年春节期间，宅娱乐、宅饮食火爆异常。京东大数据显示，有关年夜饭的礼盒、食材等同比增长 9 个百分点。除了备受瞩目的年货外，春节期间在线教育、在线健身、在线诊疗等消费模式依旧延续了 2020 年的态势，持续发展。

所谓“宅经济”，指的是宅在家中，在家中不局限于看电视、玩游戏、看书这些事情，而是随着科技的进步有更多的生活方式。例如，从生活方面来说，休闲娱乐、餐饮烘焙、购物消费、工作学习都可以以“宅”的形式存在。因为疫情的特殊性，日常生活中看病、缴费、买菜等活动要在无外出、减少接触的方式下持续进行，因此网购发展更为迅速，外卖、在线问诊和生鲜电商等行业逐渐兴起。娱乐形式也变得多种多样，游戏、小视频层出不穷，线上教育、远程会议等领域发展得如火如荼。

生活方式的改变带动很多产品增长。因为大家“宅”的时间变长，清洁用品、食品饮料的囤货更多；烘焙潮带动了小家电销售，远程办公和网课促进了 PC、平板电脑的增长。在各种宅现象不断交融下，“宅经济”的覆盖面更广，无论是工作学习还是休闲娱乐，无不促进“宅经济”发展，行业前景可观。

一、“宅经济”下的新业态

“宅经济”促使人们生活方式的改变，购物消费、学习工作、休闲娱乐等领域都迎来新的发展机遇，呈现多种新业态。

第一，医药电商。

疫情影响下，医药电商迎来春天，互联网药品交易节节攀升，潜力巨大。

医药电商是指医药企业、医药生产商、医药信息服务商、医疗机构等以盈利为目的的市场经济主体，凭借互联网等信息技术，实现药品交换或相关服务。以前我国医药电商也有所发展，但由于受消费者习惯限制发展不成熟，网购药品占比较小。目前我国医药电商呈 B2C、O2O、B2B 以及第三方服务平台的格局，不断发展，交易规模持续增长，并有望进一步扩大。

第二，生鲜电商。

生鲜电商，是用电子商务手段直接在互联网上销售生鲜产品，比如新鲜的蔬菜水果、肉制品等。在“减少外出，无接触配送”的背景下，电商成为“宅经济”的一大亮点，既能满足消费者对食材的需求，又避免了多接触。年轻人的消费习惯逐渐改变，冷链技术与新零售碰撞，促使我国电商行业持续快速发展。

第三，远程办公。

远程办公，分远程与办公两部分，指的是通过现代互联网技术实现非本地办公——移动办公、异地办公、在家办公等远程办公模式。疫情初始，全国人民积极抗疫，多地延期返工，很多企业开始"云办公"，通过视频会议、线上销售等远程办公方式复产复工。目前，我国远程办公市场规模正随着远程办公行业信息化加强和设备优化需求增长持续扩大。

第四，在线问诊。

在线问诊，指的是患者通过互联网平台向坐诊医生线上问诊、诊断、开药等，实现居家看病。受疫情影响，加上人们健康、保健意识增强，有些消费者已经养成了在线问诊的习惯，加上政策扶持和相关法律法规的完善，在线问诊变得更加高效，发展前景广阔。

第五，在线教育。

疫情严重时网课成为学生学习的重要工具，对学习生活影响增强，前景光明。在线教育因不受时间、地点限制，能够促进优质教育资源共享。在信息技术发展浪潮下，加上政策红利，在线教育用户规模和市场持续扩大。很多投资者也看到了发展机遇纷纷投资，发展潜力无限。

第六，短视频。

短视频，是移动互联网时代传播信息的符号，疫情下，短视频掀起一股热潮。短视频具有社交化、碎片化属性，视频生产者和用户之间界限模糊。如今，短视频行业发展迅速但尚不成熟，商业变现逐渐成熟，监管制度逐渐成熟。短视频会随着互联网的发展、商业模式和规模的改变逐渐成为用户不可或缺的娱乐方式。

第七，外卖。

疫情期间，各地下达的封闭式管理和无接触政策，对外卖行业冲击巨大，随着疫情好转迎来复产复工潮，外卖行业迅速回暖并且进一步扩大。线下餐饮受疫情冲击巨大，部分餐饮开始转战外卖队伍求生存、谋发展，带动餐饮业新消费，客户端在潜移默化中改变，外卖为餐饮营收争取了更多的时间和机会。

二、“宅经济”下，企业之间竞争加剧，纷纷加快布局

各企业纷纷抓住“宅经济”发展机遇，加快布局相关领域，例如，表现相当亮眼的有腾讯、字节跳动、美团等企业。

第一，腾讯，进军多领域。

腾讯作为中国最大的互联网综合服务平台，为用户提供资讯、沟通、电子商务和娱乐等方面的服务。疫情下，微信、游戏、视频等发展稳定，成为大众休闲娱乐、日常交往的主要平台。

第二，字节跳动，发展快速。

字节跳动旗下抖音平台发展最为快速，无论是国内还是国外，下载量都稳居前列，特别受欢迎。

第三，美团，外卖业务不断增长。

美团和饿了么竞争趋势明显，美团的市场占有率为2/3，时刻提升配送密度和增加系统推动配送的效率，虽说受疫情影响订单有所下滑，但从长远角度出发，外卖业务发展潜力不容小觑。

疫情反复不定，内销成为热门，“宅经济”的崛地而起势必会重塑人们的生活消费习惯，刺激数字化贸易发展。长期看来，宅家必备品需求会持续走高，远程学习、办公需求在火爆后趋于稳定，电子消费在爆发后稳中有增，居家运动也在稳中上升。“宅经济”商品热度全面升级，“宅经济”也会逐渐成为发展主流，前景明朗。

10.4　满足多样化新需求的“代经济”

外出旅行家中宠物无人照顾，代遛狗服务解了燃眉之急；商场停车位难找，代泊车服务脱颖而出；想喝一杯暖暖的奶茶，“代买奶茶”小哥将热乎乎的奶茶送到你的手上；朋友聚餐喝酒了，代驾司机把你送回家……这一幕幕场景正是“代经济”。

其实，社会对“代经济”的需求一直存在，只不过交易复杂、安全保障不完善、匹配难度大等问题阻碍了它的发展。随着共享经济发展趋向成熟，“代经济”发展的制约因素逐渐减少，发展速度随之上升。

“代经济”这种新业态，能够满足不同人的需求，成为消费需求增长的有力支撑点。

一、“代经济”为人们生活和社会经济复苏保驾护航

“代服务”的发展使“代经济”模式瞬间占领各类消费项目，这种让专业的人为消费者解决问题的社会分工精细化产物，正在融入社会生活的点点滴滴，迎合了消费升级。“代经济”让人们的

生活更加便捷，提高了社会效率，增加了创业就业机会，推动了国民经济良性循环发展。

“代经济”涉及的行业与服务类型逐渐增多，这与互联网技术的飞速发展息息相关。用户可以通过互联网发送或接收服务和要求，迅速把不同的人串联起来，从技术层面支持“代经济”发展。有人把“代经济”称为“懒人经济”，因为它的出现是在人们现有生活方式上衍生出来的。当然也不能把“代经济”完全称为“懒人经济”。因为如今生活节奏很快，人们生活压力大，很多事情有心无力，这种情况下“代经济”的出现减少了人们的压力，让生活变得更加便捷，帮助人们从烦琐、拘泥的小事儿中抽身。

“十四五”规划落地实施需要新的消费市场，“代经济”模式的发展突破了传统机制的禁锢，打破了惯性思维，在满足人们不同需求的同时促进了新职业产生。疫情背景下，消费习惯开始向无接触过渡，为“代经济”发展提供广阔的发展空间。

二、客观看待“代经济”

其一，它能够满足不同群体的个性化需求，提供个性化服务。例如，“代购”可以把你心仪许久的某外国品牌产品带到你身边；“代驾”解决了你酒后开车的危险隐患。代服务极大满足了客户对向往生活的追求，为社会群体创造了更多的就业机会。

其二，我们也要客观分析“代经济”现象的不足之处。例如，代驾有可能临时加价，车内贵重物品遗失；代购产品维权困难，物流更新缓慢等，混乱在“代经济”的舒适圈层出不穷。

“代经济”想要实现合理有序发展，需要政府、企业和消费者共同努力。

第一，政府层面。

从政府层面看，应该完善相关法律法规，明确委托人与受托人之间的责任与义务，避免产生法律漏洞。一经发现违法行为要及时惩处。加大平台管理力度，可以通过约谈、罚款等措施保障消费者合法权益。

第二，企业层面。

从企业层面分析，要加强平台建设，坚持标准化服务。加强对服务人员的培训，建立准入原则。如今，“代经济”服务是由个人自愿注册的，因此准入标准就显得尤为重要，企业应认真甄选进入平台的服务人员，建立行之有效的考察体系。

第三，消费者层面。

从消费者层面，享受“代经济”这种新的商业模式提供的服务，可提高自身生活质量。但需要强调一点，在委托他人帮忙处理事务的同时一定要适时适度，根据自身需求制订合理计划，不能盲目跟随，尽量选择知名度高的商家。对于平台提供的服务要进行全方位考察，做到不轻易相信也不轻易泄露自己的信息。

10.5 缓解就业压力的“零工经济”

“十四五”时期，各项政策在创造新商业机遇的同时，也推动了“零工经济”的发展。美国学者马尔卡希解释说，所谓“零工经济”，是指用时间短、灵活的工作形式取代朝九晚五的工作形式，例如，兼职、个体经营、通过平台找到的短工工作。通俗地讲，也就是劳动者通过零工的形式，把自己闲暇时间进行弹性支配转化为经济收入。无论是在大街小巷穿梭的外卖小哥，还是疫情期间不断转战线上的个体商人，抑或是电商主播、网约车司机等，这些能够随意支配碎片时间的灵活就业人群成为“零工经济”的主体。

一、“零工经济”的本质

以前，零工从业者是低层次、没保障的代名词。如今的零工是一种知识、个人技能的交换，从本质上是让大家利用自己的优势与特长创造更多的价值。

“零工经济”如今发展空间巨大，这得益于互联网的迅速普及和发展催生了大量的就业机会，让推广“零工经济”不再是“纸上谈兵”。

于用工单位而言，零工最大程度降低了用工风险和成本，提高了工作效率。于劳动者而言，他们实现了才能与收入之间的交换，获取更多的报酬。“零工经济”减少了社会闲置劳动力的浪费，为没有固定职业的失业者提供了新的就业途径，一些企业也由此找到新的用人路径。这种“双赢”局面让“零工经济”成为发展新趋势。

二、“零工经济”面临的挑战

由于“零工经济”出现的时间较短，无论是在法律法规上还是制度机制上都不完善。推动“零工经济”发展需要企业和个人转变观念，相关部门需要出台更行之有效且张弛有度的保障制度，不断寻求更好的路径实现“零工经济”良性循环。

发展“零工经济”要面临不少挑战。例如，国内大概有百万台私家车主注册的专车司机，但其合法性一直悬而未决。如果从“零工经济”角度出发，互联网专车降低了人工和车辆成本，但是对全职的出租车司机而言，影响颇大。类似情况也会发生在其他行业，相关部门应该深入思考这类问题。此外，从事“零工经济”的个体需要面对社会保障、劳动保险等原本应该是企业面临的问题，从这个角度看，零工待遇没有临时工好。

当然，任何新的经济形态从出现到发展完善形成规范，都要经历一个过程，“零工经济”亦是如此。于监管部门而言，“零工经济”是新课题、新挑战，我们在享受它为经济和社会生活带来便捷的同时，也要面临它给市场带来的挑战。

10.6 “双击”之下，低成本创业与投资机会初探

受疫情影响及来自国内外经济下行的压力，我国原有的外贸系统很难在短时间内快速恢复。“十四五”时期，我们是以国内市场为主，聚焦内需。由此可见，原来大量外向型企业将涌入国内市场，对外贸企业而言就好比重新创业，只不过这条创业之路赛道拥挤，不容有失。

一、给普通人的低成本创业建议

创业首要考虑的因素，是如何控制“成本”。那么，怎样才能实现低成本创业，这要从以下四个方面考虑：

第一，少走弯路。

很多行业只有两三年的时间窗口，错过了时间就错过了机会。在创业故事中，总能听到“为情怀创业”的口号，而谈情怀的人多被情怀所困。所以于创业者而言，不要谈趋势，只需要阐明你的产品，能够带给人们什么，帮助人们什么。但这不意味着要你一定抛开心中的情怀视角，是要理性思考，少走弯路。

第二，控制成本。

想要节约成本，就要看你的商业结构反脆弱性如何。反脆弱性就是将失败成本控制在最低，与此同时不断放大收益。例如，肯德基从开店赚钱模式转移到知识产权模式，快速突破了收益的"天花板"，毕竟传统的开店模式成本大，而知识产权模式出售自己的 IP 就行，加盟商为店铺成本埋单，收益自然增加。

第三，避免"能力陷阱"。

埃米尼亚·伊贝拉在《能力陷阱》一书中说，人们喜欢做自己擅长的事儿，却忽视了自身能力的培养更为重要。于企业而言，"能力陷阱"会束缚想象力，限制他们做决定的能力，难以突破瓶颈。简而言之，时代要求你一定要会直播、懂电商，跟上时代的脚步。

第四，看清大势。

好土壤意味着趋势红利。唐彬森作为元气森林的创始人，带领一群精英伙伴卫冕行业第一。俗话说：三流企业做事，二流企业做市，一流企业做势。唐彬森意识到形势比人强，大势永远是第一位的。这就好比孕育好树苗的土壤，才能万物生长。

二、给投资者和企业家的投资建议

"十四五"规划提出时间虽然不长，但是我国一直都在进行一系列的转型和改革。近几年资本市场中，越来越多的投资者青睐新兴产业，我们从中探讨一下投资机遇。

第一，传统行业中的投资机遇。

传统行业为解决产能低效率低的问题，开始进行供给侧结构性改革。行业被赋能了新技术和科技，便会迎来更多的机遇。改革过程中会伴随着产业转移、生产制造商升级等创造出更多的机遇。

第二，高新技术产业中的投资机遇。

近几年，高新技术产业在资本市场中颇受欢迎，但某些高端操作系统、芯片等技术发展还稍显薄弱。这两年科技企业创设实行注册实名制，有效地引导和配置资源到需要进行战略转型的企业，因此高新技术企业例如芯片制造，甚至军工都会有明显改变。

第三，5G 产业中的投资机遇。

中国的 5G 作为数据高速传输的基础设施，拥有全球最高标准，可带动中下游很多产业链发展。前期，基于 5G 基础，我们挖掘了很多机会，对终端和下游各类场景开发创造条件，例如，游戏、互联网等。

第四，消费领域中的投资机遇。

国家统计局数据显示，我国人均可支配收入在 2020 年已超过 3.2 万元，人均消费 2.1 万元，国家相继出台政策促进消费。以投资者视角分析，高中低端消费场景也蕴含着不同的发展机遇。例如，高端消费要关注海南贸易港开放的一切政策；中低端消费者完善劳动分配制度，使农民收入增加。

我国要在“十四五”时期做好内外循环发展，提高质量和效率，强化已有的行业竞争优势，从更高的层面扩大改革开放。历史的车轮是前进的，虽然疫情下全球化进程开始减缓，但随着“十四五”时期各项规划的落地实施，中国企业的未来可期!